Heinrich Heine

Novellistische Fragmente

Heinrich Heine

Novellistische Fragmente

ISBN/EAN: 9783741103209

Hergestellt in Europa, USA, Kanada, Australien, Japan

Cover: Foto ©Andreas Hilbeck / pixelio.de

Manufactured and distributed by brebook publishing software (www.brebook.com)

Heinrich Heine

Novellistische Fragmente

H. Heine's

sämmtliche Werke.

Heinrich Heine's

sämmtliche Werke

Vierter Band.
Novellistische Fragmente.

Hamburg.
Hoffmann und Campe.
1867.

Novellistische Fragmente

von

Heinrich Heine.

Hamburg.
Hoffmann und Campe.
1867.

Inhalt.

Novellistische Fragmente.

                                          Seite

Der Rabbi von Bacharach 1
Memoiren des Herrn von Schnabelewopski . . . 81
Florentinische Nächte 185

Der Rabbi von Bacharach.

(Ein Fragment.)

Seinem geliebten Freunde

Heinrich Laube

widmet die Legende

des

Rabbi von Bacharach

heiter grüßend

der Verfasser.

Kapitel I.

Unterhalb des Rheingaus, wo die Ufer des Stromes ihre lachende Miene verlieren, Berg und Felsen mit ihren abenteuerlichen Burgruinen sich trotziger gebärden, und eine wildere, ernstere Herrlichkeit emporsteigt, dort liegt, wie eine schaurige Sage der Vorzeit, die finstre, uralte Stadt Bacharach. Nicht immer waren so morsch und verfallen diese Mauern mit ihren zahnlosen Zinnen und blinden Wartthürmchen, in deren Luken der Wind pfeift und die Spatzen nisten; in diesen armselig häßlichen Lehmgassen, die man durch das zerrissene Thor erblickt, herrschte nicht immer jene öde Stille, die nur dann und wann unterbrochen wird von schreienden Kindern, keifenden Weibern und brüllenden Kühen. Diese Mauern waren einst stolz und stark, und in diesen Gassen bewegte sich frisches, freies Leben, Macht und Pracht, Lust und Leid, viel Liebe und viel Haß. Bacharach gehörte einst zu jenen Municipien, welche von den Römern während ihrer Herrschaft am Rhein gegründet worden, und die Einwohner, obgleich die folgenden Zeiten sehr stürmisch und obgleich sie späterhin unter Hohenstaufische und zuletzt unter Wittelsbacher Oberherrschaft geriethen, wußten dennoch, nach dem Beispiel andrer rheinischen Städte, ein ziemlich freies Gemeinwesen zu erhalten. Dieses bestand aus einer Verbindung einzelner Körperschaften, wovon die der patricischen Altbürger und die der Zünfte, welche sich wieder nach ihren verschiedenen Gewerken unterabtheilten, beiderseitig nach der Alleinmacht rangen, so daß sie sämmtlich nach außen zu Schutz und Trutz gegen den nachbarlichen Raubadel fest verbunden standen, nach innen aber wegen streitender Interessen in beständiger Spaltung verharrten; und daher unter ihnen wenig Zusammenleben, viel Mißtrauen, oft sogar thätliche Ausbrüche der Leidenschaft. Der herrschaftliche Vogt saß auf der hohen Burg Sareck, und wie sein Falke schoß er herab, wenn man ihn rief, und auch manchmal ungerufen. Die Geistlichkeit herrschte im Dunkeln durch die Verdunkelung des Geistes. Eine am meisten vereinzelte, ohnmächtige und vom Bürgerrechte allmählig verdrängte Körperschaft war die kleine Judengemeinde, die schon zur Römerzeit in Bacharach sich niedergelassen, und späterhin während der großen Judenverfolgung ganze Scharen flüchtiger Glaubensbrüder in sich aufgenommen hatte. Die große Judenverfolgung begann mit den Kreuzzügen und wüthete am grimmigsten um die Mitte des vierzehnten Jahrhunderts, am Ende der großen Pest, die, wie jedes andre öffentliche Unglück, durch die Juden entstanden sein sollte, indem man behauptete, sie hätten den Zorn Gottes herabgeflucht und mit Hilfe der Aussätzigen die Brunnen vergiftet. Der gereizte Pöbel, besonders die Horden der Flagellanten, halbnackte Männer und Weiber, die, zur Buße sich selbst geißelnd und ein tolles Marienlied singend, die Rheingegend und das übrige Süddeutschland durchzogen, ermordeten damals viele tausend Juden, oder marterten sie, oder tauften sie gewaltsam. Eine andere Beschuldigung, die ihnen schon in früherer Zeit, das ganze Mittelalter hindurch bis Anfang des vorigen Jahrhunderts, viel Blut und Angst kostete, Das war das läppische, in Chroniken und Legenden bis zum Ekel oft wiederholte Märchen, daß die Juden geweihte Hostien stählen, die sie mit Messern durchstächen, bis das Blut herausfließe, und daß sie an ihrem Paschafeste Christenkinder schlachteten, um das Blut derselben bei ihrem nächtlichen Gottesdienste zu gebrauchen. Die Juden, hinlänglich verhaßt wegen ihres Glaubens, ihres Reichthums und ihrer Schuldbücher, waren an jenem Festtage ganz in den Händen ihrer Feinde, die ihr Verderben nur gar zu leicht bewirken konnten, wenn sie das Gerücht eines solchen Kindermords verbreiteten, vielleicht gar einen blutigen Kinderleichnam in das verfehmte Haus eines Juden heimlich hineinschwärzten und dort nächtlich die betende Judenfamilie überfielen, wo alsdann gemordet, geplündert und getauft wurde, und große Wunder geschahen durch das vorgefundene todte Kind, welches die Kirche am Ende gar kanonisierte. Sankt Werner ist ein solcher Heiliger, und ihm zu Ehren ward zu Oberwesel jene prächtige Abtei gestiftet, die jetzt am Rhein eine der schönsten Ruinen bildet, und mit der gothischen Herrlichkeit ihrer langen spitzbögigen Fenster, stolz emporschießenden Pfeiler und Steinschnitzeleien uns so sehr entzückt, wenn wir an einem heitergrünen Sommertage vorbeifahren und ihren Ursprung nicht kennen. Zu Ehren dieses Heiligen wurden am Rhein noch drei andre große Kirchen errichtet, und unzählige Juden getödtet oder mißhandelt. Dies geschah im Jahre 1287, und auch zu Bacharach, wo eine von diesen Sankt-Wernerskirchen gebaut wurde, erging damals über die Juden viel Drangsal und Elend. Doch zwei Jahrhunderte seitdem blieben sie verschont von solchen Anfällen der Volkswuth, obgleich sie noch immer hinlänglich angefeindet und bedroht wurden. Je mehr aber der Haß sie von außen bedrängte, desto inniger und traulicher wurde das häusliche Zusammenleben, desto tiefer wurzelte die Frömmigkeit und Gottesfurcht der Juden von Bacharach. Ein Muster gottgefälligen Wandels war der dortige Rabbiner, genannt Rabbi Abraham, ein noch jugendlicher Mann, der aber weit und breit wegen seiner Gelahrtheit berühmt war. Er war geboren in dieser Stadt, und sein Vater, der dort ebenfalls Rabbiner gewesen, hatte ihm in seinem letzten Willen befohlen, sich demselben Amt zu widmen und Bacharach nie zu verlassen, es sei denn wegen Lebensgefahr. Dieser Befehl und ein Schrank mit seltenen Büchern war Alles, was sein Vater, der bloß in Armuth und Schriftgelahrtheit lebte, ihm hinterließ. Dennoch war Rabbi Abraham ein sehr reicher Mann; verheirathet mit der einzigen Tochter seines verstorbenen Vaterbruders, welcher den Juwelenhandel getrieben, erbte er Dessen große Reichthümer. Einige Fuchsbärte in der Gemeinde deuteten darauf hin, als wenn der Rabbi eben des Geldes wegen seine Frau geheirathet habe. Aber sämmtliche Weiber widersprachen und wußten alte Geschichten zu erzählen, wie der Rabbi schon vor seiner Reise nach Spanien verliebt gewesen in Sara — man hieß sie eigentlich die schöne Sara — und wie Sara sieben Jahre warten mußte, bis der Rabbi aus Spanien zurückkehrte, indem er sie gegen den Willen ihres Vaters und selbst gegen ihre eigne Zustimmung durch den Trauring geheirathet hatte. Jedweder Jude nämlich kann ein jüdisches Mädchen zu seinem rechtmäßigen Eheweibe machen, wenn es ihm gelang, ihr einen Ring an den Finger zu stecken und dabei die Worte zu sprechen: „Ich nehme dich zu meinem Weibe nach den Sitten von Moses und Israel!" Bei der Erwähnung Spaniens pflegten die Fuchsbärte auf eine ganz eigne Weise zu lächeln; und Das geschah wohl wegen eines dunkeln Gerüchts, daß Rabbi Abraham auf der hohen Schule zu Toledo zwar emsig genug das Studium des göttlichen Gesetzes getrieben, aber auch christliche Gebräuche nachgeahmt und freigeistige Denkungsart eingesogen habe, gleich jenen spanischen Juden, die damals auf einer außerordentlichen Höhe der Bildung standen. Im Innern ihrer Seele aber glaubten jene Fuchsbärte sehr wenig an die Wahrheit des angedeuteten Gerüchts. Denn überaus rein, fromm und ernst war seit seiner Rückkehr aus Spanien die Lebensweise des Rabbi, die kleinlichsten Glaubensgebräuche übte er mit ängstlicher Gewissenhaftigkeit, alle Montag und Donnerstag pflegte er zu fasten, nur am Sabbath oder anderen Feiertagen genoß er Fleisch und Wein, sein Tag verfloß in Gebet und Studium, des Tages erklärte er das göttliche Gesetz im Kreise der Schüler, die der Ruhm seines Namens nach Bacharach gezogen, und des Nachts betrachtete er die Sterne des Himmels oder die Augen der schönen Sara. Kinderlos war die Ehe des Rabbi; dennoch fehlte es nicht um ihn her an Leben und Bewegung. Der große Saal seines Hauses, welches neben der Synagoge lag, stand offen zum Gebrauche der ganzen Gemeinde; hier ging man aus und ein ohne Umstände, verrichtete schleunige Gebete, oder holte Neuigkeiten, oder hielt Berathung in allgemeiner Noth; hier spielten die Kinder am Sabbathmorgen, während in der Synagoge der wöchentliche Abschnitt verlesen wurde; hier versammelte man sich bei Hochzeit- und Leichenzügen, und zankte sich und versöhnte sich; hier fand der Frierende einen warmen

Ofen und der Hungrige einen gedeckten Tisch. Außerdem bewegten sich um den Rabbi noch eine Menge Verwandte, Brüder und Schwestern mit ihren Weibern und Kindern, so wie auch seine und seiner Frau gemeinschaftliche Öhme und Muhmen, eine weitläuftige Sippschaft, die Alle den Rabbi als Familienhaupt betrachteten, im Hause Desselben früh und spät verkehrten, und an hohen Festtagen sämmtlich dort zu speisen pflegten. Solche gemein= schaftliche Familienmahle im Rabbinerhause fanden ganz besonders statt bei der jährlichen Feier des Pascha, eines uralten, wunderbaren Festes, das noch jetzt die Juden in der ganzen Welt am Vorabend des vierzehnten Tages im Monat Nissen, zum ewigen Gedächtnisse ihrer Befreiung aus ägyptischer Knechtschaft, folgendermaßen begehen.

Sobald es Nacht ist, zündet die Hausfrau die Lichter an, spreitet das Tafeltuch über den Tisch, legt in die Mitte desselben drei von den platten ungesäuerten Bröten, verdeckt sie mit einer Ser= viette, und stellt auf diesen erhöhten Platz sechs kleine Schüsseln, worin symbolische Speisen ent= halten, nämlich ein Ei, Lattich, Mairettigwurzel, ein Lammknochen, und eine braune Mischung von Rosinen, Zimmet und Nüssen. An diesen Tisch setzt sich der Hausvater mit allen Verwandten und

Genossen und liest ihnen vor aus einem abenteuer=
lichen Buche, das die Agade heißt, und dessen In=
halt eine seltsame Mischung ist von Sagen der
Vorfahren, Wundergeschichten aus Ägypten, kurio=
sen Erzählungen, Streitfragen, Gebeten und Fest=
liedern. Eine große Abendmahlzeit wird in die
Mitte dieser Feier eingeschoben, und sogar während
des Vorlesens wird zu bestimmten Zeiten Etwas
von den symbolischen Gerichten gekostet, so wie
alsdann auch Stückchen von dem ungesäuerten Brote
gegessen und vier Becher rothen Weines getrunken
werden. Wehmüthig heiter, ernsthaft spielend und
märchenhaft geheimnisvoll ist der Charakter dieser
Abendfeier, und der herkömmlich singende Ton,
womit die Agade von dem Hausvater vorgelesen
und zuweilen chorartig von den Zuhörern nachge=
sprochen wird, klingt so schauervoll innig, so müt=
terlich einlullend, und zugleich so hastig aufweckend,
daß selbst diejenigen Juden, die längst von dem
Glauben ihrer Väter abgefallen und fremden Freu=
den und Ehren nachgejagt sind, im tiefsten Herzen
erschüttert werden, wenn ihnen die alten wohlbe=
kannten Paschaklänge zufällig ins Ohr bringen.

Im großen Saale seines Hauses saß einst
Rabbi Abraham, und mit seinen Anverwandten,
Schülern und übrigen Gästen beging er die Abend=

feier des Paschafestes. Im Saale war Alles mehr als gewöhnlich blank; über den Tisch zog sich die buntgestickte Seidendecke, deren Goldfranzen bis auf die Erde hingen; traulich schimmerten die Tellerchen mit den symbolischen Speisen, sowie auch die hohen weingefüllten Becher, woran als Zierat lauter heilige Geschichten von getriebener Arbeit; die Männer saßen in ihren Schwarzmänteln und schwarzen Platthüten und weißen Halsbergen; die Frauen, in ihren wunderlich glitzernden Kleidern von lombardischen Stoffen, trugen um Haupt und Hals ihr Gold- und Perlengeschmeide; und die silberne Sabbathlampe goß ihr festliches Licht über die andächtig vergnügten Gesichter der Alten und Jungen. Auf den purpurnen Sammetkissen eines mehr als die übrigen erhabenen Sessels und angelehnt, wie es der Gebrauch heischt, saß Rabbi Abraham und las und sang die Agade, und der bunte Chor stimmte ein oder antwortete bei den vorgeschriebenen Stellen. Der Rabbi trug ebenfalls sein schwarzes Festkleid, seine edelgeformten, etwas strengen Züge waren milder denn gewöhnlich, die Lippen lächelten hervor aus dem braunen Barte, als wenn sie viel Holdes erzählen wollten, und in seinen Augen schwamm es wie selige Erinnerung und Ahnung. Die schöne Sara, die auf einem ebenfalls erhabenen Sammetsessel an seiner Seite saß, trug als Wirthin Nichts von ihrem Geschmeide, nur weißes Linnen umschloß ihren schlanken Leib und ihr frommes Antlitz. Dieses Antlitz war rührend schön, wie denn überhaupt die Schönheit der Jüdinnen von eigenthümlich rührender Art ist; das Bewußtsein des tiefen Elends, der bittern Schmach und der schlimmen Fährnisse, worinnen ihre Verwandte und Freunde leben, verbreitet über ihre holden Gesichtszüge eine gewisse leidende Innigkeit und beobachtende Liebesangst, die unsere Herzen sonderbar bezaubern. So saß heute die schöne Sara und sah beständig nach den Augen ihres Mannes; dann und wann schaute sie auch nach der vor ihr liegenden Agade, dem hübschen, in Gold und Sammet gebundenen Pergamentbuche, einem alten Erbstück mit verjährten Weinflecken aus den Zeiten ihres Großvaters, und worin so viele keck und bunt gemalte Bilder, die sie schon als kleines Mädchen am Pascha-Abend so gerne betrachtete, und die allerlei biblische Geschichten darstellten, als da sind: wie Abraham die steinernen Götzen seines Vaters mit dem Hammer entzwei klopft, wie die Engel zu ihm kommen, wie Moses den Mizri todtschlägt, wie Pharao prächtig auf dem Throne sitzt, wie ihm die Frösche sogar bei Tische keine Ruhe lassen, wie er, Gott sei Dank! versäuft, wie die Kinder Israel vorsichtig durch das rothe Meer gehen, wie sie offnen Maules mit ihren Schafen, Kühen und Ochsen vor dem Berge Sinai stehen, dann auch wie der fromme König David die Harfe spielt, und endlich wie Jerusalem mit den Thürmen und Zinnen seines Tempels bestrahlt wird vom Glanze der Sonne!

Der zweite Becher war schon eingeschenkt, die Gesichter und Stimmen wurden immer heller, und der Rabbi, indem er eins der ungesäuerten Osterbröte ergriff und heiter grüßend empor hielt, las er folgende Worte aus der Agade: „Siehe! Das ist die Kost, die unsere Väter in Ägypten genossen! Jeglicher, den es hungert, er komme und genieße! Jeglicher, der da traurig, er komme und theile unsere Paschafreude! Gegenwärtigen Jahres feiern wir hier das Fest, aber zum kommenden Jahre im Lande Israel's! Gegenwärtigen Jahres feiern wir es noch als Knechte, aber zum kommenden Jahre als Söhne der Freiheit!"

Da öffnete sich die Saalthüre, und herein traten zwei große blasse Männer, in sehr weite Mäntel gehüllt, und der Eine sprach: „Friede sei mit euch, wir sind reisende Glaubensgenossen und wünschen das Paschafest mit euch zu feiern." Und der Rabbi antwortete rasch und freundlich: "Mit euch sei Frieden, setzt euch nieder in meiner Nähe!" Die beiden Fremdlinge setzten sich alsbald zu Tische, und der Rabbi fuhr fort im Vorlesen. Manchmal während die Übrigen noch im Zuge des Nachsprechens waren, warf er kosende Worte nach seinem Weibe, und anspielend auf den alten Scherz, daß ein jüdischer Hausvater sich an diesem Abend für einen König hält, sagte er zu ihr: "Freue dich, meine Königin!" Sie aber antwortete, wehmüthig lächelnd: "Es fehlt uns ja der Prinz!" und damit meinte sie den Sohn des Hauses, der, wie eine Stelle in der Agade es verlangt, mit vorgeschriebenen Worten seinen Vater um die Bedeutung des Festes befragen soll. Der Rabbi erwiderte Nichts und zeigte bloß mit dem Finger nach einem eben aufgeschlagenen Bilde in der Agade, wo überaus anmuthig zu schauen war, wie die drei Engel zu Abraham kommen, um ihm zu verkünden, daß ihm ein Sohn geboren werde von seiner Gattin Sara, welche unterdessen weiblich pfiffig hinter der Zeltthüre steht, um die Unterredung zu belauschen. Dieser leise Wink goß dreifaches Roth über die Wangen der schönen Frau, sie schlug die Augen nieder, und sah dann wieder freundlich empor nach ihrem Manne, der singend fortfuhr im Vorlesen der wunderbaren Geschichte, wie Rabbi Jesua, Rabbi Elieser, Rabbi Asaria, Rabbi Akiba und Rabbi Tarphon in Bona=Brak angelehnt saßen und sich die ganze Nacht vom Auszuge der Kinder Israel aus Ägypten unterhielten, bis ihre Schüler kamen und ihnen zuriefen, es sei Tag und in der Syna= goge verlese man schon das große Morgengebet.

Derweilen nun die schöne Sara andächtig zu= hörte und ihren Mann beständig ansah, bemerkte sie, wie plötzlich sein Antlitz in grausiger Verzer= rung erstarrte, das Blut aus seinen Wangen und Lippen verschwand, und seine Augen wie Eiszapfen hervorglotzten; — aber fast im selben Augenblicke sah sie, wie seine Züge wieder die vorige Ruhe und Heiterkeit annahmen, wie seine Lippen und Wangen sich wieder rötheten, seine Augen munter umherkreisten, ja, wie sogar eine ihm sonst ganz fremde tolle Laune sein ganzes Wesen ergriff. Die schöne Sara erschrak wie sie noch nie in ihrem Leben erschrocken war, und ein inneres Grauen stieg kältend in ihr auf, weniger wegen der Zeichen von starrem Entsetzen, die sie einen Moment lang im Gesichte ihres Mannes erblickt hatte, als wegen seiner jetzigen Fröhlichkeit, die allmählig in jauch= zende Ausgelassenheit überging. Der Rabbi schob

sein Barett spielend von einem Ohre nach dem
andern, zupfte und kräuselte possierlich seine Bart=
locken, sang den Agadetext nach der Weise eines
Gassenhauers, und bei der Aufzählung der ägyp=
tischen Plagen, wo man mehrmals den Zeigefinger
in den vollen Becher eintunkt und den anhängenden
Weintropfen zur Erde wirft, bespritzte der Rabbi
die jüngern Mädchen mit Rothwein, und es gab
großes Klagen über verdorbene Halskrausen, und
schallendes Gelächter. Immer unheimlicher ward
es der schönen Sara bei dieser krampfhaft spru=
delnden Lustigkeit ihres Mannes, und beklommen
von namenloser Bangigkeit schaute sie in das sum=
mende Gewimmel der buntbeleuchteten Menschen,
die sich behaglich breit hin und her schaukelten, an
den dünnen Paschabröten knoperten, oder Wein
schlürften, oder mit einander schwatzten, oder laut
sangen, überaus vergnügt.

Da kam die Zeit, wo die Abendmahlzeit ge=
halten wird; Alle standen auf, um sich zu waschen,
und die schöne Sara holte das große silberne, mit
getriebenen Goldfiguren reichverzierte Waschbecken,
das sie jedem der Gäste vorhielt, während ihm
Wasser über die Hände gegossen wurde. Als sie
auch dem Rabbi diesen Dienst erwies, blinzelte ihr
Dieser bedeutsam mit den Augen, und schlich sich

zur Thüre hinaus. Die schöne Sara folgte ihm auf dem Fuße; hastig ergriff der Rabbi die Hand seines Weibes, eilig zog er sie fort durch die dunkelen Gassen Bacharach's, eilig zum Thor hinaus auf die Landstraße, die den Rhein entlang nach Bingen führt.

Es war eine jener Frühlingsnächte, die zwar lau genug und hellgestirnt sind, aber doch die Seele mit seltsamen Schauern erfüllen. Leichenhaft dufteten die Blumen; schadenfroh und zugleich selbstbeängstigt zwitscherten die Vögel; der Mond warf heimtückisch gelbe Streiflichter über den dunkel hinmurmelnden Strom; die hohen Felsenmassen des Ufers schienen bedrohlich wackelnde Riesenhäupter; der Thurmwächter auf Burg Strahleck blies eine melancholische Weise; und dazwischen läutete eifrig gellend das Sterbeglöckchen der Sankt Wernerskirche. Die schöne Sara trug in der rechten Hand das silberne Waschbecken, ihre linke hielt der Rabbi noch immer gefasst, und sie fühlte, wie seine Finger eiskalt waren und wie sein Arm zitterte; aber sie folgte schweigend, vielleicht weil sie von jeher gewohnt, ihrem Manne blindlings und fragenlos zu gehorchen, vielleicht auch weil ihre Lippen vor innerer Angst verschlossen waren.

— 21 —

Unterhalb der Burg Sonneck, Lorch gegenüber, ungefähr wo jetzt das Dörfchen Niederrheinbach liegt, erhebt sich eine Felsenplatte, die bogenartig über das Rheinufer hinaushängt. Diese erstieg Rabbi Abraham mit seinem Weibe, schaute sich um nach allen Seiten, und starrte hinauf nach den Sternen. Zitternd und von Todesängsten durchfröstelt stand neben ihm die schöne Sara und betrachtete sein blasses Gesicht, das der Mond gespenstisch beleuchtete, und worauf es hin und her zuckte wie Schmerz, Furcht, Andacht und Wuth. Als aber der Rabbi plötzlich das silberne Waschbecken ihr aus der Hand riß und es schollernd hinabwarf in den Rhein, da konnte sie das grauenhafte Angstgefühl nicht länger ertragen, und mit dem Ausrufe „Schadai voller Genade!" stürzte sie zu den Füßen des Mannes und beschwor ihn, das dunkle Räthsel endlich zu enthüllen.

Der Rabbi, des Sprechens ohnmächtig, bewegte mehrmals lautlos die Lippen, und endlich rief er: „Siehst du den Engel des Todes? Dort unten schwebt er über Bacharach! Wir aber sind seinem Schwerte entronnen. Gelobt sei der Herr!" Und mit einer Stimme, die noch vor innerem Entsetzen bebte, erzählte er: wie er wohlgemuth die Agade hinsingend und angelehnt saß, und zufällig unter den Tisch schaute, habe er dort zu seinen Füßen den blutigen Leichnam eines Kindes erblickt. „Da merkte ich" — setzte der Rabbi hinzu — „daß unsre zwei späte Gäste nicht von der Gemeinde Israel's waren, sondern von der Versammlung der Gottlosen, die sich berathen hatten, jenen Leichnam heimlich in unser Haus zu schaffen, um uns des Kindermordes zu beschuldigen und das Volk aufzureizen, uns zu plündern und zu ermorden. Ich durfte nicht merken lassen, daß ich das Werk der Finsternis durchschaut; ich hätte dadurch nur mein Verderben beschleunigt, und nur die List hat uns Beide gerettet. Gelobt sei der Herr! Aengstige dich nicht, schöne Sara; auch unsre Freunde und Verwandte werden gerettet sein. Nur nach meinem Blute lechzten die Ruchlosen; ich bin ihnen entronnen, und sie begnügen sich mit meinem Silber und Golde. Komm mit mir, schöne Sara, nach einem anderen Lande, wir wollen das Unglück hinter uns lassen, und damit uns das Unglück nicht verfolge, habe ich ihm das Letzte meiner Habe, das silberne Becken, zur Versöhnung hingeworfen. Der Gott unserer Väter wird uns nicht verlassen. — Komm herab, du bist müde; dort unten steht bei seinem Kahne der stille Wilhelm; er fährt uns den Rhein hinauf."

Lautlos und wie mit gebrochenen Gliedern war die schöne Sara in die Arme des Rabbi hingesunken, und langsam trug er sie hinab nach dem Ufer. Hier stand der stille Wilhelm, ein taubstummer, aber bildschöner Knabe, der zum Unterhalt seiner alten Pflegemutter, einer Nachbarin des Rabbi, den Fischfang trieb und hier seinen Kahn angelegt hatte. Es war aber, als erriethe er schon gleich die Absicht des Rabbi, ja es schien, als habe er eben auf ihn gewartet; um seine geschlossenen Lippen zog sich das lieblichste Mitleid, bedeutungstief ruhten seine großen blauen Augen auf der schönen Sara, und sorgsam trug er sie in den Kahn.

Der Blick des stummen Knaben weckte die schöne Sara aus ihrer Betäubung, sie fühlte auf einmal, daß Alles, was ihr Mann ihr erzählt, kein bloßer Traum sei, und Ströme bitterer Thränen ergossen sich über ihre Wangen, die jetzt so weiß wie ihr Gewand. Da saß sie nun in der Mitte des Kahns, ein weinendes Marmorbild; neben ihr saßen ihr Mann und der stille Wilhelm, welche emsig ruderten.

Sei es nun durch den einförmigen Ruderschlag, oder durch das Schaukeln des Fahrzeugs, oder durch den Duft jener Bergesufer, worauf die

Freude wächst, immer geschieht es, daß auch der Betrübteste seltsam beruhigt wird, wenn er in der Frühlingsnacht in einem leichten Kahne leicht dahinfährt auf dem lieben, klaren Rheinstrom. Wahrlich, der alte, gutherzige Vater Rhein kann's nicht leiden, wenn seine Kinder weinen; thränenstillend wiegt er sie auf seinen treuen Armen, und erzählt ihnen seine schönsten Märchen, und verspricht ihnen seine goldigsten Schätze, vielleicht gar den uralt versunkenen Niblungshort. Auch die Thränen der schönen Sara flossen immer milder und milder, ihre gewaltigsten Schmerzen wurden fortgespült von den flüsternden Wellen, die Nacht verlor ihr finstres Grauen, und die heimatlichen Berge grüßten wie zum zärtlichsten Lebewohl. Vor allen aber grüßte traulich ihr Lieblingsberg, der Kedrich, und in seiner seltsamen Mondbeleuchtung schien es, als stände wieder oben ein Fräulein mit ängstlich ausgestreckten Armen, als kröchen die flinken Zwerglein wimmelnd aus ihren Felsenspalten, und als käme ein Reiter den Berg hinaufgesprengt in vollem Galopp; und der schönen Sara war zu Muthe, als sei sie wieder ein kleines Mädchen und säße wieder auf dem Schoße ihrer Muhme aus Lorch, und Diese erzähle ihr die hübsche Geschichte von dem kecken Reiter, der das arme, von den Zwergen

geraubte Fräulein befreite, und noch andre wahre
Geschichten, vom wunderlichen Wisperthale drüben,
wo die Vögel ganz vernünftig sprechen, und vom
Pfefferkuchenland, wohin die folgsamen Kinder
kommen, und von verwünschten Prinzessinnen, sin=
genden Bäumen, gläsernen Schlössern, goldenen
Brücken, lachenden Nixen . . . Aber zwischen all'
diesen hübschen Märchen, die klingend und leuch=
tend zu leben begannen, hörte die schöne Sara die
Stimme ihres Vaters, der ärgerlich die arme Muhme
ausschalt, daß sie dem Kinde so viel' Thorheiten
in den Kopf schwatze! Alsbald kam's ihr vor, als
setzte man sie auf das kleine Bänkchen vor dem
Sammetsessel ihres Vaters, der mit weicher Hand
ihr langes Haar streichelte, gar vergnügt mit den
Augen lachte, und sich behaglich hin und her wiegte
in seinem weiten, blauseidenen Sabbathschlafrock . . .
Es mußte wohl Sabbath sein, denn die geblümte
Decke war über den Tisch gespreitet, alle Geräthe
im Zimmer leuchteten, spiegelblank gescheuert, der
weißbärtige Gemeindediener saß an der Seite des
Vaters und kaute Rosinen und sprach Hebräisch,
auch der kleine Abraham kam herein mit einem
allmächtig großen Buche, und bat bescheidentlich
seinen Oheim um die Erlaubnis, einen Abschnitt
der heiligen Schrift erklären zu dürfen, damit der

Oheim sich selber überzeuge, daß er in der verflossenen Woche Viel gelernt habe und viel Lob und Kuchen verdiene... Nun legte der kleine Bursche das Buch auf die breite Armlehne des Sessels, und erklärte die Geschichte von Jakob und Rahel, wie Jakob seine Stimme erhoben und laut geweint, als er sein Mühmchen Rahel zuerst erblickte, wie er so traulich am Brunnen mit ihr gesprochen, wie er sieben Jahr' um Rahel dienen mußte, und wie sie ihm so schnell verflossen, und wie er die Rahel geheirathet und immer und immer geliebt hat... Auf einmal erinnerte sich auch die schöne Sara, daß ihr Vater damals mit lustigem Tone ausrief: „Willst du nicht eben so dein Mühmchen Sara heirathen?" worauf der kleine Abraham ernsthaft antwortete: „Das will ich, und sie soll sieben Jahr' warten." Dämmernd zogen diese Bilder durch die Seele der schönen Frau, sie sah, wie sie und ihr kleiner Vetter, der jetzt so groß und ihr Mann geworden, kindisch mit einander in der Lauberhütte spielten, wie sie sich dort ergötzten an den bunten Tapeten, Blumen, Spiegeln und vergoldeten Äpfeln, wie der kleine Abraham immer zärtlicher mit ihr koste, bis er allmählig größer und mürrischer wurde, und endlich ganz groß und ganz mürrisch... Und endlich sitzt sie zu

Hause allein in ihrer Kammer eines Samstag=
abends, der Mond scheint hell durchs Fenster, und
die Thür fliegt auf, und haftig stürmt herein ihr
Vetter Abraham, in Reisekleidern und blaß wie
der Tod, und ergreift ihre Hand, steckt einen gold=
nen Ring an ihren Finger und spricht feierlich:
„Ich nehme dich hiermit zu meinem Weibe, nach
den Gesetzen von Moses und Israel!" „Jetzt aber"
— setzt er bebend hinzu — „jetzt muß ich fort
nach Spanien. Lebewohl, sieben Jahre sollst du
auf mich warten!" Und er stürzt fort, und wei=
nend erzählt die schöne Sara das Alles ihrem
Vater . . . Der tobt und wüthet: „Schneid ab
dein Haar, denn du bist ein verheirathetes Weib!"
— und er will dem Abraham nachreiten, um einen
Scheidebrief von ihm zu erzwingen; — aber Der
ist schon über alle Berge, der Vater kehrt schwei=
gend nach Haus zurück, und wie die schöne Sara
ihm die Reitstiefeln ausziehen hilft und besänftigend
äußert, daß der Abraham nach sieben Jahren zurück=
kehre, da flucht der Vater: „Sieben Jahr' sollt
ihr betteln gehn!" und bald stirbt er.

So zogen der schönen Sara die alten Ge=
schichten durch den Sinn, wie ein hastiges Schatten=
spiel; die Bilder vermischten sich auch wunderlich,
und zwischendurch schauten halb bekannte, halb

fremde bärtige Gesichter und große Blumen mit fabelhaft breitem Blattwerk. Es war auch, als murmelte der Rhein die Melodien der Agade, und die Bilder derselben stiegen daraus hervor, lebensgroß und verzerrt, tolle Bilder: der Erzvater Abraham zerschlägt ängstlich die Götzengestalten, die sich immer hastig wieder von selbst zusammensetzen; der Mizri wehrt sich furchtbar gegen den ergrimmten Moses; der Berg Sinai blitzt und flammt; der König Pharao schwimmt im rothen Meere, mit den Zähnen im Maule die zackige Goldkrone festhaltend; Frösche mit Menschenantlitz schwimmen hintendrein, und die Wellen schäumen und brausen, und eine dunkle Riesenhand taucht drohend daraus hervor.

Das war Hatto's Mäusethurm, und der Kahn schoß eben durch den Binger Strudel. Die schöne Sara ward dadurch etwas aus ihren Träumereien gerüttelt, und schaute nach den Bergen des Ufers, auf deren Spitzen die Schloßlichter flimmerten, und an deren Fuß die mondbeleuchteten Nachtnebel sich hinzogen. Plötzlich aber glaubte sie dort ihre Freunde und Verwandte zu sehen, wie sie mit Leichengesichtern und in weißwallenden Todtenhemden schreckenhaftig vorüberliefen, den Rhein entlang... es ward ihr schwarz vor den Augen, ein Eisstrom ergoß sich in ihre Seele, und wie im Schlafe hörte sie nur noch, daß ihr der Rabbi das Nachtgebet vorbetete, langsam ängstlich, wie es bei todtkranken Leuten geschieht, und träumerisch stammelte sie noch die Worte: „Zehntausend zur Rechten, zehntausend zur Linken; den König zu schützen vor nächtlichem Grauen..."

Da verzog sich plötzlich all das eindringende Dunkel und Grausen, der düstre Vorhang ward vom Himmel fortgerissen, es zeigte sich oben die heilige Stadt Jerusalem mit ihren Thürmen und Thoren; in goldner Pracht leuchtete der Tempel; auf dem Vorhofe desselben erblickte die schöne Sara ihren Vater in seinem gelben Sabbathschlafrock und vergnügt mit den Augen lachend; aus den runden Tempelfenstern grüßten fröhlich alle ihre Freunde und Verwandte; im Allerheiligsten kniete der fromme König David mit Purpurmantel und funkelnder Krone, und lieblich ertönte sein Gesang und Saitenspiel — und selig lächelnd entschlief die schöne Sara.

Kapitel II.

Als die schöne Sara die Augen aufschlug, ward sie fast geblendet von den Strahlen der Sonne. Die hohen Thürme einer großen Stadt erhoben sich, und der stumme Wilhelm stand mit der Hakenstange aufrecht im Kahne und leitete denselben durch das lustige Gewühl vieler buntbewimpelten Schiffe, deren Mannschaft entweder müßig hinabschaute auf die Vorbeifahrenden, oder vielhändig beschäftigt war mit dem Ausladen von Kisten, Ballen und Fässern, die auf kleineren Fahrzeugen ans Land gebracht wurden, wobei ein betäubender Lärm, das beständige Hallohrufen der Barkenführer, das Geschrei der Kaufleute vom Ufer her und das Keifen der Zöllner, die in ihren rothen Röcken mit weißen Stäbchen und weißen Gesichtern von Schiff zu Schiff hüpften.

„Ja, schöne Sara" — sagte der Rabbi zu seiner Frau, heiter lächelnd — „Das ist hier die weltberühmte freie Reichs= und Handelsstadt Frankfurt am Main, und Das ist eben der Mainfluß, worauf wir jetzt fahren. Da drüben die lachenden Häuser, umgeben von grünen Hügeln, Das ist das Sachsenhausen, woher uns der lahme Gumpertz zur Zeit des Lauberhüttenfestes die schönen Myrrhen holt. Hier siehst du auch die starke Mainbrücke mit ihren dreizehn Bögen, und gar viel Volk, Wagen und Pferde, geht sicher darüberhin, und in der Mitte steht das Häuschen, wovon die Mühmele Täubchen erzählt hat, daß ein getaufter Jude darin wohnt, der Jedem, der ihm eine todte Ratte bringt, sechs Heller auszahlt für Rechnung der jüdischen Gemeinde, die dem Stadtrathe jährlich fünftausend Rattenschwänze abliefern soll!"

Über diesen Krieg, den die Frankfurter Juden mit den Ratten zu führen haben, mußte die schöne Sara laut lachen; das klare Sonnenlicht und die neue bunte Welt, die vor ihr auftauchte, hatte alles Grauen und Entsetzen der vorigen Nacht aus ihrer Seele verscheucht, und als sie aus dem landenden Kahne von ihrem Manne und dem stummen Wilhelm aufs Ufer gehoben worden, fühlte sie sich wie durchdrungen von freudiger Sicherheit. Der stumme Wilhelm aber mit seinen schönen, tiefblauen Augen sah ihr lange ins Gesicht, halb schmerzlich, halb heiter, dann warf er noch einen bedeutenden Blick nach dem Rabbi, sprang zurück in seinen Kahn, und bald war er damit verschwunden.

„Der stumme Wilhelm hat doch viele Ähnlichkeit mit meinem verstorbenen Bruder," bemerkte die schöne Sara. „Die Engel sehen sich alle ähnlich," erwiderte leichthin der Rabbi, und sein Weib bei der Hand ergreifend, führte er sie durch das Menschengewimmel des Ufers, wo jetzt, weil es die Zeit der Ostermesse, eine Menge hölzerner Krambuden aufgebaut standen. Als sie durch das dunkle Mainthor in die Stadt gelangten, fanden sie nicht minder lärmigen Verkehr. Hier in einer engen Straße erhob sich ein Kaufmannsladen neben dem andern, und die Häuser, wie überall in Frankfurt, waren ganz besonders zum Handel eingerichtet: im Erdgeschosse keine Fenster, sondern lauter offene Bogenthüren, so daß man tief hineinschauen und jeder Vorübergehende die ausgestellten Waaren deutlich betrachten konnte. Wie staunte die schöne Sara ob der Masse kostbarer Sachen und ihrer niegesehenen Pracht! Da standen Venetianer, die allen Luxus des Morgenlandes und Italiens feil boten, und die schöne Sara war wie festgebannt

beim Anblick der aufgeschichteten Putzsachen und
Kleinodien, der bunten Mützen und Mieder, der
güldnen Armspangen und Halsbänder, des ganzen
Flitterkrams, den die Frauen sehr gern bewundern
und womit sie sich noch lieber schmücken. Die reich=
gestickten Sammet= und Seidenstoffe schienen mit
der schönen Sara sprechen und ihr allerlei Wunder=
liches ins Gedächtnis zurückfunkeln zu wollen, und
es war ihr wirklich zu Muthe, als wäre sie wieder
ein kleines Mädchen, und Mühmele Täubchen habe
ihr Versprechen erfüllt, und sie nach der Frank=
furter Messe geführt, und jetzt eben stehe sie vor
den hübschen Kleidern, wovon ihr so Viel erzählt
worden. Mit heimlicher Freude überlegte sie schon,
was sie nach Bacharach mitbringen wolle, welchem
von ihren beiden Bäschen, dem kleinen Blümchen
oder dem kleinen Vögelchen, der blauseidne Gürtel
am besten gefallen würde, ob auch die grünen
Höschen dem kleinen Gottschalk passen mögen, —
doch plötzlich sagte sie zu sich selber: Ach Gott!
Die sind ja unterdessen großgewachsen und gestern
umgebracht worden! Sie schrak heftig zusammen,
und die Bilder der Nacht wollten schon mit all
ihrem Entsetzen wieder in ihr aufsteigen; doch die
goldgestickten Kleider blinzelten nach ihr wie mit
tausend Schelmenaugen und redeten ihr alles Dunkle

aus dem Sinn, und wie sie hinaufsah nach dem Antlitz ihres Mannes, so war dieses unumwölkt, und trug seine gewöhnliche ernste Milde. „Mach die Augen zu, schöne Sara" — sagte der Rabbi, und führte seine Frau weiter durch das Menschengedränge.

Welch ein buntes Treiben! Zumeist waren es Handelsleute, die laut mit einander feilschten, oder auch mit sich selber sprechend an den Fingern rechneten, oder auch von einigen hochbepackten Markthelfern, die in kurzem Hundetrab hinter ihnen herliefen, ihre Einkäufe nach der Herberge schleppen ließen. Andere Gesichter ließen merken, daß bloß die Neugier sie herbeigezogen. Am rothen Mantel und der goldenen Halskette erkannte man den breiten Rathsherrn. Das schwarze, wohlhabend bauschige Wams verrieth den ehrsamen stolzen Altbürger. Die eiserne Pickelhaube, das gelblederne Wams und die klirrenden Pfundsporen verkündigten den schweren Reitersknecht. Unterm schwarzen Sammethäubchen, das in einer Spitze auf der Stirne zusammenlief, barg sich ein rosiges Mädchengesicht, und die jungen Gesellen, die gleich witternden Jagdhunden hinterdrein sprangen, zeigten sich als vollkommene Stutzer durch ihre keckbefiederten Barette, ihre klingenden Schnabelschuhe und ihre seidnen Kleider von getheilter Farbe, wo die rechte Seite grün, die linke Seite roth, oder die eine regenbogenartig gestreift, die andre buntscheckig gewürfelt war, so daß die närrischen Burschen aussahen, als wären sie in der Mitte gespalten. Von der Menschenströmung fortgezogen, gelangte der Rabbi mit seinem Weibe nach dem Römer. Dieses ist der große, mit hohen Giebelhäusern umgebene Marktplatz der Stadt, seinen Namen führend von einem ungeheuren Hause, das „Zum Römer" hieß und vom Magistrate angekauft und zu einem Rathhause geweiht wurde. In diesem Gebäude wählte man Deutschlands Kaiser, und vor demselben wurden oft edle Ritterspiele gehalten. Der König Maximilian, der Dergleichen leidenschaftlich liebte, war damals in Frankfurt anwesend, und Tags zuvor hatte man ihm zu Ehren vor dem Römer ein großes Stechen veranstaltet. An den hölzernen Schranken, die jetzt von den Zimmerleuten abgebrochen wurden, standen noch viele Müßiggänger und erzählten sich, wie gestern der Herzog von Braunschweig und der Markgraf von Brandenburg unter Pauken- und Trompetenschall gegen einander gerannt, wie Herr Walter der Lump den Bärenritter so gewaltig aus dem Sattel gestoßen, daß die Lanzensplitter in die Luft flogen, und wie der lange blonde König Max im Kreise seines Hofgesindes auf dem Balkone stand und sich vor Freude die Hände rieb. Die Decken von goldnen Stoffen lagen noch auf der Lehne des Balkons und der spitzbögigen Rathhausfenster. Auch die übrigen Häuser des Marktplatzes waren noch festlich geschmückt und mit Wappenschilden verziert, besonders das Haus Limburg, auf dessen Banner eine Jungfrau gemalt war, die einen Sperber auf der Hand trägt, während ihr ein Affe einen Spiegel vorhält. Auf dem Balkone dieses Hauses standen viele Ritter und Damen, in lächelnder Unterhaltung hinabblickend auf das Volk, das unten in tollen Gruppen und Aufzügen hin- und herwogte. Welche Menge Müßiggänger von jedem Stande und Alter drängte sich hier, um ihre Schaulust zu befriedigen! Hier wurde gelacht, gegreint, gestohlen, in die Lenden gekniffen, gejubelt, und zwischendrein schmetterte gellend die Trompete des Arztes, der im rothen Mantel mit seinem Hanswurst und Affen auf einem hohen Gerüste stand, seine eigne Kunstfertigkeit recht eigentlich ausposaunte, seine Tinkturen und Wundersalben anpries, oder ernsthaft das Uringlas betrachtete, das ihm irgend ein altes Weib vorhielt, oder sich anschickte, einem armen Bauer den Backzahn auszureißen.

Zwei Fechtmeister, in bunten Bändern einherflat=
ternd, ihre Rappiere schwingend, begegneten sich
hier wie zufällig und stießen mit Scheinzorn auf
einander; nach langem Gefechte erklärten sie sich
wechselseitig für unüberwindlich, und sammelten
einige Pfennige. Mit Trommler und Pfeifer mar=
schierte jetzt vorbei die neu errichtete Schützengilde.
Hierauf folgte, angeführt von dem Stöcker, der
eine rothe Fahne trug, ein Rudel fahrender Fräu=
lein, die aus dem Frauenhause „Zum Esel" von
Würzburg herkamen und nach dem Rosenthale hin=
zogen, wo die hochlöbliche Obrigkeit ihnen für die
Meßzeit ihr Quartier angewiesen. „Mach die
Augen zu, schöne Sara!" — sagte der Rabbi. Denn
jene phantastisch und allzu knapp bekleideten Weibs=
bilder, worunter einige sehr hübsche, gebärdeten
sich auf die unzüchtigste Weise, entblößten ihren
weißen, frechen Busen, neckten die Vorübergehenden
mit schamlosen Worten, schwangen ihre langen
Wanderstöcke, und indem sie auf letzteren wie auf
Steckenpferden die Sankt=Katharinenpforte hinab=
ritten, sangen sie mit gellender Stimme das
Hexenlied:

„Wo ist der Bock, das Höllenthier?
Wo ist der Bock? Und fehlt der Bock,

So reiten wir, so reiten wir,
So reiten wir auf dem Stock!"

Dieser Singsang, den man noch in der Ferne hören konnte, verlor sich am Ende in den kirchlich langgezogenen Tönen einer herannahenden Procession. Das war ein trauriger Zug von kahlköpfigen und barfüßigen Mönchen, welche brennende Wachslichter oder Fahnen mit Heiligenbildern oder auch große silberne Krucifixe trugen. An ihrer Spitze gingen roth- und weißgeröckte Knaben mit dampfenden Weihrauchkesseln. In der Mitte des Zuges unter einem prächtigen Baldachin sah man Geistliche in weißen Chorhemden von kostbaren Spitzen oder in buntseidenen Stolen, und Einer Derselben trug in der Hand ein sonnenartig goldnes Gefäß, das er, bei einer Heiligennische der Marktecke anlangend, hoch empor hob, während er lateinische Worte halb rief, halb sang ... Zugleich erklingelte ein kleines Glöckchen, und alles Volk ringsum verstummte, fiel auf die Kniee und bekreuzte sich. Der Rabbi aber sprach zu seinem Weibe: „Mach die Augen zu, schöne Sara!" — und hastig zog er sie von hinnen nach einem schmalen Nebengäßchen, durch ein Labyrinth von engen und krummen Straßen, und endlich über den unbewohnten, wüsten Platz, der das neue Judenquartier von der übrigen Stadt trennte.

Vor jener Zeit wohnten die Juden zwischen dem Dom und dem Mainufer, nämlich von der Brücke bis zum Lumpenbrunnen und von der Mehlwage bis zu Sankt Bartholomäi. Aber die katholischen Priester erlangten eine päpstliche Bulle, die den Juden verwehrte, in solcher Nähe der Hauptkirche zu wohnen, und der Magistrat gab ihnen einen Platz auf dem Wollgraben, wo sie das heutige Judenquartier erbauten. Dieses war mit starken Mauern versehen, auch mit eisernen Ketten vor den Thoren, um sie gegen Pöbelandrang zu sperren. Denn hier lebten die Juden ebenfalls in Druck und Angst, und mehr als heut zu Tage in der Erinnerung früherer Nöthen. Im Jahre 1240 hatte das entzügelte Volk ein großes Blutbad unter ihnen angerichtet, welches man die erste Judenschlacht nannte, und im Jahre 1349, als die Geißler bei ihrem Durchzuge die Stadt anzündeten und die Juden des Brandstiftens anklagten, wurden Diese von dem aufgereizten Volke zum größten Theile ermordet, oder sie fanden den Tod in den Flammen ihrer eigenen Häuser, welches man die zweite Judenschlacht nannte. Später bedrohte man die Juden noch oft mit dergleichen Schlachten, und bei inneren Unruhen Frankfurt's, besonders bei einem Streite des Rathes mit den Zünften, stand der Christenpöbel oft im Begriff das Judenquartier zu stürmen. Letzteres hatte zwei Thore, die an katholischen Feiertagen von außen, an jüdischen Feiertagen von innen geschlossen wurden, und vor jedem Thor befand sich ein Wachthaus mit Stadtsoldaten.

Als der Rabbi mit seinem Weibe an das Thor des Judenquartiers gelangte, lagen die Landsknechte, wie man durch die offnen Fenster sehen konnte, auf der Pritsche ihrer Wachtstube, und draußen vor der Thüre im vollen Sonnenschein saß der Trommelschläger und phantasierte auf seiner großen Trommel. Das war eine schwere, dicke Gestalt; Wams und Hosen von feuergelbem Tuch, an Armen und Lenden weit aufgepufft und, als wenn unzählige Menschenzungen daraus hervorleckten, von oben bis unten besäet mit kleinen eingenähten rothen Wülstchen; Brust und Rücken gepanzert mit schwarzen Tuchpolstern, woran die Trommel hing; auf dem Kopfe eine platte, runde schwarze Kappe; das Gesicht eben so platt und rund, auch orangegelb und mit rothen Schwärchen gespickt, und verzogen zu einem gähnenden Lächeln. So saß der Kerl und trommelte die Melodie des

Liedes, das einst die Geißler bei der Judenschlacht gesungen, und mit seinem rauhen Biertone gurgelte er die Worte:

"Unsre liebe Fraue,
Die ging im Morgenthaue,
Kyrie eleison!"

"Hans, das ist eine schlechte Melodie" — rief eine Stimme hinter dem verschlossenen Thore des Judenquartiers — "Hans, auch ein schlecht Lied, paßt nicht für die Trommel, paßt gar nicht, und bei Leibe nicht in der Messe und am Ostermorgen, schlecht Lied, gefährlich Lied, Hans, Hänschen, klein Trommelhänschen, ich bin ein einzelner Mensch, und wenn du mich lieb hast, wenn du den Stern lieb hast, den langen Stern, den langen Nasenstern, so hör auf!"

Diese Worte wurden von dem ungesehenen Sprecher theils angstvoll hastig, theils aufseufzend langsam hervorgestoßen, in einem Tone, worin das ziehend Weiche und das heiser Harte schroff abwechselte, wie man ihn bei Schwindsüchtigen findet. Der Trommelschläger blieb unbewegt, und in der vorigen Melodie forttrommelnd sang er weiter:

„Da kam ein kleiner Junge,
Sein Bart war ihm entsprungen,
Halleluja!"

„Hans" — rief wieder die Stimme des obenerwähnten Sprechers — „Hans, ich bin ein einzelner Mensch, und es ist ein gefährlich Lied, und ich hör' es nicht gern, und ich hab' meine Gründe, und wenn du mich lieb hast, singst du was Andres, und morgen trinken wir . . ."

Bei dem Wort „Trinken" hielt der Hans inne mit seinem Trommeln und Singen, und biedern Tones sprach er: „Der Teufel hole die Juden, aber du, lieber Nasenstern, bist mein Freund, ich beschütze dich, und wenn wir noch oft zusammen trinken, werde ich dich auch bekehren. Ich will dein Pathe sein; wenn du getauft wirst, wirst du selig, und wenn du Genie hast und fleißig bei mir lernst, kannst du sogar noch Trommelschläger werden. Ja, Nasenstern, du kannst es noch weit bringen, ich will dir den ganzen Katechismus vortrommeln, wenn wir morgen zusammen trinken — aber jetzt mach mal das Thor auf, da stehen zwei Fremde und begehren Einlaß."

„Das Thor auf?" — schrie der Nasenstern, und die Stimme versagte ihm fast. „Das geht nicht so schnell, lieber Hans, man kann nicht wissen, man kann gar nicht wissen, und ich bin ein einzelner Mensch. Der Veitel Rindskopf hat den Schlüssel und steht jetzt still in der Ecke und brummelt sein Achtzehngebet; da darf man sich nicht unterbrechen lassen. Säkel der Narr ist auch hier, aber er schlägt jetzt sein Wasser ab. Ich bin ein einzelner Mensch!"

„Der Teufel hole die Juden!" — rief der Trommelhans, und über diesen eignen Witz laut lachend, trollte er sich nach der Wachtstube und legte sich ebenfalls auf die Pritsche.

Während nun der Rabbi mit seinem Weibe jetzt ganz allein vor dem großen verschlossenen Thore stand, erhub sich hinter demselben eine schnarrende, näselnde, etwas spöttisch gezogene Stimme: „Sternchen, dröhnle nicht so lange, nimm die Schlüssel aus Rindsköpfchen's Rocktasche, oder nimm deine Nase, und schließe damit das Thor auf. Die Leute stehen schon lange und warten."

„Die Leute?" — schrie ängstlich die Stimme des Mannes, den man den Nasenstern nannte — „ich glaubte, es wäre nur Einer, und ich bitte dich, Narr, lieber Säkel Narr, guck mal heraus, wer da ist."

Da öffnete sich im Thore ein kleines wohlvergittertes Fensterlein, und zum Vorschein kam eine gelbe, zweihörnige Mütze und darunter das drollig verschnörkelte Lustigmachergesicht Säkel's des Narren. In demselben Augenblicke schloß sich wieder die Fensterluke, und ärgerlich schnarrte es: „Mach auf, mach auf, draußen ist nur ein Mann und ein Weib."

„Ein Mann und ein Weib!" — ächzte der Nasenstern. — „Und wenn das Thor aufgemacht wird, wirft das Weib den Rock ab, und es ist auch ein Mann, und es sind dann zwei Männer, und wir sind nur unser Drei!"

„Sei kein Hase" — erwiederte Säkel der Narr — „und sei herzhaft und zeige Kourage!"

„Kourage!" — rief der Nasenstern und lachte mit verdrießlicher Bitterkeit — „Hase! Hase ist ein schlechter Vergleich, Hase ist ein unreines Thier. Kourage! Man hat mich nicht der Kourage wegen hiehergestellt, sondern der Vorsicht halber. Wenn zu Viele kommen, soll ich schreien. Aber ich selbst kann sie nicht zurückhalten. Mein Arm ist schwach, ich trage eine Fontanelle, und ich bin ein einzelner Mensch. Wenn man auf mich schießt, bin ich todt. Dann sitzt der reiche Mendel Reiß am Sabbath bei Tische, und wischt sich vom Maul die Rosinensauce, und streichelt sich den Bauch, und sagt vielleicht: Das lange Nasensternchen war doch ein braves Kerlchen, wäre Es nicht gewesen, so hätten sie das Thor gesprengt, Es hat sich doch für uns todtschießen lassen, Es war ein braves Kerlchen, schade daß Es todt ist —"

Die Stimme wurde hier allmählig weich und weinerlich, aber plötzlich schlug sie über in einen hastigen, fast erbitterten Ton: "Kourage! Und damit der reiche Mendel Reiß sich die Rosinensauce vom Maul abwischen und sich den Bauch streicheln und mich braves Kerlchen nennen möge, soll ich mich todtschießen lassen? Kourage! Herzhaft! Der kleine Strauß war herzhaft, und hat gestern auf dem Römer dem Stechen zugesehen, und hat geglaubt, man kenne ihn nicht, weil er einen violetten Rock trug von Sammet, drei Gulden die Elle, mit Fuchsschwänzchen, ganz goldgestickt, ganz prächtig — und sie haben ihm den violetten Rock so lange geklopft, bis er abfärbte und auch sein Rücken violett geworden ist und nicht mehr menschenähnlich sieht. Kourage! Der krumme Leser war herzhaft, nannte unseren lumpigen Schuldheiß einen Lump, und sie haben ihn an den Füßen aufgehängt zwischen zwei Hunden, und der Trommelhans trommelte. Kourage! Sei kein Hase! Unter den vielen Hunden ist der Hase verloren, ich bin ein einzelner Mensch, und ich habe wirklich Furcht!"

"Schwör mal!" — rief Jäkel der Narr.

"Ich habe wirklich Furcht!" — wiederholte seufzend der Nasenstern — "ich weiß, die Furcht liegt im Geblüt, und ich habe es von meiner seligen Mutter —"

"Ja, ja!" — unterbrach ihn Jäkel der Narr — "und deine Mutter hatte es von ihrem Vater, und Der hatte es wieder von dem seinigen, und so hatten es deine Voreltern Einer vom Andern, bis auf deinen Stammvater, welcher unter König Saul gegen die Philister zu Felde zog und der Erste war, welcher Reißaus nahm. — Aber sieh mal, Rindsköpfchen ist gleich fertig, er hat sich bereits zum viertenmal gebückt, schon hüpft er wie ein Floh bei dem dreimaligen Worte Heilig, und jetzt greift er vorsichtig in die Tasche..."

In der That, die Schlüssel rasselten, knarrend öffnete sich ein Flügel des Thores, und der Rabbi und sein Weib traten in die ganz menschenleere Judengasse. Der Aufschließer aber, ein kleiner Mann mit gutmüthig sauerm Gesichte, nickte träumerisch wie Einer, der in seinen Gedanken nicht gern gestört sein möchte, und nachdem er das Thor wieder sorgsam verschlossen, schlappte er, ohne ein

Wort zu reden, nach einem Winkel hinter dem Thore, beständig Gebete vor sich hinmurmelnd. Minder schweigsam war Jäkel der Narr, ein untersetzter, etwas krummbeiniger Gesell, mit einem lachend vollrothen Antlitz und einer unmenschlich großen Fleischhand, die er aus den weiten Ärmeln seiner buntscheckigen Jacke zum Willkomm hervorstreckte. Hinter ihm zeigte oder vielmehr barg sich eine lange magere Gestalt, der schmale Hals weiß befiedert von einer feinen batistnen Krause, und das dünne, blasse Gesicht gar wundersam geziert mit einer fast unglaublich langen Nase, die sich neugierig angstvoll hin und her bewegte.

„Gott willkommen! zum guten Festtag!" — rief Jäkel der Narr — „wundert euch nicht, daß jetzt die Gasse so leer und still ist. Alle unsere Leute sind jetzt in der Synagoge, und ihr kommt eben zur rechten Zeit, um dort die Geschichte von der Opferung Isaak's vorlesen zu hören. Ich kenne sie, es ist eine interessante Geschichte, und wenn ich sie nicht schon dreiunddreißig Mal angehört hätte, so würde ich sie gern dies Jahr noch einmal hören. Und es ist eine wichtige Geschichte, denn wenn Abraham den Isaak wirklich geschlachtet hätte, und nicht den Ziegenbock, so wären jetzt mehr Ziegenböcke und weniger Juden auf der

Welt." — Und mit wahnſinnig luſtiger Grimaſſe fing der Zäckel an, folgendes Lied aus der Agade zu ſingen:

„Ein Böcklein, ein Böcklein, das gekauft Väterlein, er gab dafür zwei Suslein; ein Böcklein! ein Böcklein!

„Es kam ein Kätzlein, und aß das Böcklein, das gekauft Väterlein, er gab dafür zwei Suslein; ein Böcklein, ein Böcklein!

„Es kam ein Hündlein, und biß das Kätzlein, das gefreſſen das Böcklein, das gekauft Väterlein, er gab dafür zwei Suslein; ein Böcklein, ein Böcklein!

„Es kam ein Stöcklein, und ſchlug das Hündlein, das gebiſſen das Kätzlein, das gefreſſen das Böcklein, das gekauft Väterlein, er gab dafür zwei Suslein; ein Böcklein, ein Böcklein!

„Es kam ein Feuerlein, und verbrannte das Stöcklein, das geſchlagen das Hündlein, das gebiſſen das Kätzlein, das gefreſſen das Böcklein, das gekauft Väterlein, er gab dafür zwei Suslein; ein Böcklein, ein Böcklein!

„Es kam ein Wäſſerlein, und löſchte das Feuerlein, das verbrannt das Stöcklein, das geſchlagen das Hündlein, das gebiſſen das Kätzlein, das gefreſſen das Böcklein, das gekauft Väter=

lein, er gab dafür zwei Suslein; ein Böcklein, ein Böcklein!

„Es kam ein Öchslein, und soff das Wässerlein, das gelöscht das Feuerlein, das verbrannt das Stöcklein, das geschlagen das Hündlein, das gebissen das Kätzlein, das gefressen das Böcklein, das gekauft Väterlein, er gab dafür zwei Suslein; ein Böcklein, ein Böcklein!

„Es kam ein Schlächterlein, und schlachtete das Öchslein, das gesoffen das Wässerlein, das gelöscht das Feuerlein, das verbrannt das Stöcklein, das geschlagen das Hündlein, das gebissen das Kätzlein, das gefressen das Böcklein, das gekauft Väterlein, er gab dafür zwei Suslein; ein Böcklein, ein Böcklein!

„Es kam ein Todesenglein, und schlachtete das Schlächterlein, das geschlachtet das Öchslein, das gesoffen das Wässerlein, das gelöscht das Feuerlein, das verbrannt das Stöcklein, das geschlagen das Hündlein, das gebissen das Kätzlein, das gefressen das Böcklein, das gekauft Väterlein, er gab dafür zwei Suslein; ein Böcklein, ein Böcklein!

„Ja, schöne Frau" — fügte der Sänger hinzu — „einst kommt der Tag, wo der Engel des Todes den Schlächter schlachten wird, und all unser Blut kommt über Edom; denn Gott ist ein rächender Gott — — —"

Aber plötzlich den Ernst, der ihn unwillkürlich beschlichen, gewaltsam abstreifend stürzte sich Jäkel der Narr wieder in seine Possenreißereien und fuhr fort mit schnarrendem Lustigmachertone: „Fürchtet Euch nicht, schöne Frau, der Nasenstern thut Euch Nichts zu Leid. Nur für die alte Schnapper-Elle ist er gefährlich. Sie hat sich in seine Nase verliebt, aber die verdient es auch. Sie ist schön wie der Thurm, der gen Damaskus schaut und erhaben wie die Ceder des Libanon's. Auswendig glänzt sie wie Glimmgold und Sirup, und inwendig ist lauter Musik und Lieblichkeit. Im Sommer blüht sie, im Winter ist sie zugefroren, und Sommer und Winter wird sie gehätschelt von Schnapper-Elle's weißen Händen. Ja, die Schnapper-Elle ist verliebt in ihn, ganz vernarrt. Sie pflegt ihn, sie füttert ihn, und sobald er fett genug ist, wird sie ihn heirathen, und für ihr Alter ist sie noch jung genug, und wer mal nach dreihundert Jahren hieher nach Frankfurt kömmt, wird den Himmel nicht sehen können vor lauter Nasensternen!"

„Ihr seid Jäkel der Narr" — rief lachend der Rabbi — „ich merk' es an Euren Worten. Ich habe oft von Euch sprechen gehört."

„Ja, ja" — erwiederte Jener mit drolliger Bescheidenheit — „ja, ja, Das macht der Ruhm. Man ist oft weit und breit für einen größern Narren bekannt als man selbst weiß. Doch ich gebe mir viele Mühe ein Narr zu sein, und springe und schüttle mich, damit die Schellen klingeln. Andre haben's leichter . . . Aber sagt mir, Rabbi, warum reiset Ihr am Feiertage?"

„Meine Rechtfertigung" — versetzte der Befragte — „steht im Talmud, und es heißt: Gefahr vertreibt den Sabbath."

„Gefahr!" — schrie plötzlich der lange Nasenstern und gebärdete sich wie in Todesangst — „Gefahr! Gefahr! Trommelhans, trommel, trommle, Gefahr! Gefahr! Trommelhans . . ."

Draußen aber rief der Trommelhans mit seiner dicken Bierstimme: „Tausend Donner-Sakrament! Der Teufel hole die Juden! Das ist schon das dritte Mal, daß du mich heute aus dem Schlafe weckst, Nasenstern! Mach mich nicht rasend! Wenn ich rase, werde ich wie der leibhaftige Satanas, und dann, so wahr ich ein Christ bin, dann schieße ich mit der Büchse durch die Gitterluke des Thores, und dann hüte Jeder seine Nase!"

„Schieß nicht! schieß nicht! ich bin ein einzelner Mensch" — wimmerte angstvoll der Nasen-

4*

stern und drückte sein Gesicht fest an die nächste Mauer, und in dieser Stellung verharrte er zitternd und leise betend.

„Sagt, sagt, was ist passiert?" — rief jetzt auch Jäkel der Narr mit all jener hastigen Neugier, die schon damals den Frankfurter Juden eigenthümlich war.

Der Rabbi aber riß sich von ihm los und ging mit seinem Weibe weiter die Judengasse hinauf. „Sieh, schöne Sara," — sprach er seufzend — „wie schlecht geschützt ist Israel! Falsche Freunde hüten seine Thore von außen, und drinnen sind seine Hüter Narrheit und Furcht!"

Langsam wanderten die Beiden durch die lange, leere Straße, wo nur hie und da ein blühender Mädchenkopf zum Fenster hinausguckte, während sich die Sonne in den blanken Scheiben festlich heiter bespiegelte. Damals nämlich waren die Häuser des Judenviertels noch neu und nett, auch niedriger wie jetzt, indem erst späterhin die Juden, als sie in Frankfurt sich sehr vermehrten und doch ihr Quartier nicht erweitern durften, dort immer ein Stockwerk über das andere bauten, sardellenartig zusammenrückten und dadurch an Leib und Seele verkrüppelten. Der Theil des Judenquartiers, der nach dem großen Brande stehen geblieben und den man die alte Gasse nennt, jene hohen schwarzen Häuser, wo ein grinsendes, feuchtes Volk umherschachert, ist ein schauderhaftes Denkmal des Mittelalters. Die ältere Synagoge existiert nicht mehr; sie war minder geräumig als die jetzige, die später erbaut wurde, nachdem die Nürember Vertriebenen in die Gemeinde aufgenommen worden. Sie lag nördlicher. Der Rabbi brauchte ihre Lage nicht erst zu erfragen. Schon aus der Ferne vernahm er die vielen verworrenen und überaus lauten Stimmen. Im Hofe des Gotteshauses trennte er sich von seinem Weibe. Nachdem er an dem Brunnen, der dort steht, seine Hände gewaschen, trat er in jenen untern Theil der Synagoge, wo die Männer beten; die schöne Sara hingegen erstieg eine Treppe und gelangte oben nach der Abtheilung der Weiber.

Diese obere Abtheilung war eine Art Galerie mit drei Reihen hölzerner, braunroth angestrichener Sitze, deren Lehne oben mit einem hängenden Brette versehen war, das, um das Gebetbuch darauf zu legen, sehr bequem aufgeklappt werden konnte. Die Frauen saßen hier schwatzend neben einander, oder standen aufrecht, inbrünstig betend; manchmal auch traten sie neugierig an das große Gitter, das sich längs der Morgenseite hinzog, und

durch deſſen dünne grüne Latten man hinabſchauen
konnte in die untere Abtheilung der Synagoge.
Dort, hinter hohen Betpulten, ſtanden die Män=
ner in ihren ſchwarzen Mänteln, die ſpitzen Bärte
herabſchießend über die weißen Halskrauſen, und
die plattbedeckten Köpfe mehr oder minder verhüllt
von einem viereckigen, mit den geſetzlichen Schau=
fäden verſehenen Tuche, das aus weißer Wolle
oder Seide beſtand, mitunter auch mit goldnen
Treſſen geſchmückt war. Die Wände der Synagoge
waren ganz einförmig geweißt, und man ſah dort
keine andere Zierat als etwa das vergoldete Eiſen=
gitter um die viereckige Bühne, wo die Geſetzab=
ſchnitte verleſen werden, und die heilige Lade, ein
koſtbar gearbeiteter Kaſten, ſcheinbar getragen von
marmornen Säulen mit üppigen Kapitälern, deren
Blumen= und Laubwerk gar lieblich emporrankte,
und bedeckt mit einem Vorhang von kornblauem
Sammet, worauf mit Goldflittern, Perlen und
bunten Steinen eine fromme Inſchrift geſtickt war.
Hier hing die ſilberne Gedächtnis=Ampel und er=
hob ſich ebenfalls eine vergitterte Bühne, auf deren
Geländer ſich allerlei heilige Geräthe befanden,
unter andern der ſiebenarmige Tempel=Leuchter und
vor demſelben, das Antlitz gegen die Lade, ſtand
der Vorſänger, deſſen Geſang inſtrumentenartig

begleitet wurde von den Stimmen seiner beiden
Gehülfen, des Bassisten und des Diskantsängers.
Die Juden haben nämlich alle wirkliche Instru=
mentalmusik aus ihrer Kirche verbannt, wähnend,
daß der Lobgesang Gottes erbaulicher aufsteige
aus der warmen Menschenbrust, als aus kalten
Orgelpfeifen. Recht kindlich freute sich die schöne
Sara, als jetzt der Vorsänger, ein trefflicher Tenor,
seine Stimme erhob, und die uralten, ernsten Me=
lodien, die sie so gut kannte, in noch nie geahneter
junger Lieblichkeit aufblüheten, während der Bassist
zum Gegensatze die tiefen, dunkeln Töne hinein=
brummte, und in den Zwischenpausen der Diskant=
sänger fein und süß trillerte. Solchen Gesang
hatte die schöne Sara in der Synagoge von Ba=
charach niemals gehört, denn der Gemeindevorsteher,
David Levi, machte dort den Vorsänger, und wenn
dieser schon bejahrte zitternde Mann mit seiner
zerbröckelten, meckernden Stimme wie ein junges
Mädchen trillern wollte, und in solch gewaltsamer
Anstrengung seinen schlaff herabhängenden Arm
fieberhaft schüttelte, so reizte Dergleichen wohl
mehr zum Lachen als zur Andacht.

Ein frommes Behagen, gemischt mit weib=
licher Neugier, zog die schöne Sara ans Gitter,
wo sie hinabschauen konnte in die untere Abthei=

lung, die sogenannte Männerschule. Sie hatte noch nie eine so große Anzahl Glaubensgenossen gesehen, wie sie da unten erblickte, und es ward ihr noch heimlich wohler ums Herz in der Mitte so vieler Menschen, die ihr so nahe verwandt durch gemeinschaftliche Abstammung, Denkweise und Leiden. Aber noch viel bewegter wurde die Seele des Weibes, als drei alte Männer ehrfurchtsvoll vor die heilige Lade traten, den glänzenden Vorhang an die Seite schoben, den Kasten aufschlossen und sorgsam jenes Buch herausnahmen, das Gott mit heilig eigner Hand geschrieben und für dessen Erhaltung die Juden so Viel erduldet, so viel Elend und Haß, Schmach und Tod, ein tausendjähriges Martyrthum. Dieses Buch, eine große Pergamentrolle, war wie ein fürstliches Kind in einem buntgestickten Mäntelchen von rothem Sammet gehüllt; oben auf den beiden Rollhölzern steckten zwei silberne Gehäuschen, worin allerlei Granaten und Glöckchen sich zierlich bewegten und klingelten, und vorn an silbernen Kettchen hingen goldne Schilde mit bunten Edelsteinen. Der Vorsänger nahm das Buch, und als sei es ein wirkliches Kind, ein Kind, um dessentwillen man große Schmerzen erlitten und das man nur desto mehr liebt, wiegte er es in seinen Armen, tänzelte damit hin und her, drückte es an seine Brust und, durchschauert von solcher Berührung, erhub er seine Stimme zu einem so jauchzend frommen Dankliede, daß es der schönen Sara bedünkte, als ob die Säulen der heiligen Lade zu blühen begönnen, und die wunderbaren Blumen und Blätter der Kapitäler immer höher hinaufwüchsen, und die Töne des Diskantisten sich in lauter Nachtigallen verwandelten, und die Wölbung der Synagoge gesprengt würde von den gewaltigen Tönen des Bassisten, und die Freudigkeit Gottes herabströmte aus dem blauen Himmel. Das war ein schöner Psalm. Die Gemeinde wiederholte chorartig die Schlußverse, und nach der erhöhten Bühne in der Mitte der Synagoge schritt langsam der Vorsänger mit dem heiligen Buche, während Männer und Knaben sich hastig hinzudrängten, um die Sammethülle desselben zu küssen oder auch nur zu berühren. Auf der erwähnten Bühne zog man von dem heiligen Buche das sammtne Mäntelchen so wie auch die mit bunten Buchstaben beschriebenen Windeln, womit es umwickelt war, und aus der geöffneten Pergamentrolle, in jenem singenden Tone, der am Paschafeste noch gar besonders moduliert wird, las der Vorsänger die erbauliche Geschichte von der Versuchung Abraham's.

Die schöne Sara war bescheiden vom Gitter zurückgewichen, und eine breite, putzbeladene Frau von mittlerem Alter und gar gespreizt wohlwollendem Wesen hatte ihr mit stummem Nicken die Miteinsicht in ihrem Gebetbuche vergönnt. Diese Frau mochte wohl keine große Schriftgelehrtin sein; denn als sie die Gebete murmelnd vor sich hinlas, wie die Weiber, da sie nicht laut mitsingen dürfen, zu thun pflegen, so bemerkte die schöne Sara, daß sie viele Worte allzusehr nach Gutdünken aussprach und manche gute Zeile ganz überschlupperte. Nach einer Weile aber hoben sich schmachtend langsam die wasserklaren Augen der guten Frau, ein flaches Lächeln glitt über das porzellanhaft roth' und weiße Gesicht, und mit einem Tone, der so vornehm als möglich hinschmelzen wollte, sprach sie zur schönen Sara: „Er singt sehr gut. Aber ich habe doch in Holland noch viel besser singen hören. Sie sind fremd und wissen vielleicht nicht, daß es der Vorsänger aus Worms ist, und daß man ihn hier behalten will, wenn er mit jährlichen vierhundert Gulden zufrieden. Es ist ein lieber Mann, und seine Hände sind wie Alabaster. Ich halte viel von einer schönen Hand. Eine schöne Hand ziert den ganzen Menschen!" — Dabei legte die gute Frau selbstgefällig ihre Hand, die wirklich noch schön war, auf die Lehne des Betpultes, und mit einer graciösen Beugung des Hauptes andeutend, daß sie sich im Sprechen nicht gern unterbrechen lasse, setzte sie hinzu: "Das Singerchen ist noch ein Kind und sieht sehr abgezehrt aus. Der Baß ist gar zu häßlich, und unser Stern hat mal sehr witzig gesagt: Der Baß ist ein größerer Narr als man von einem Baß zu verlangen braucht! Alle Drei speisen in meiner Garküche, und Sie wissen vielleicht nicht, daß ich Elle Schnapper bin."

Die schöne Sara dankte für diese Mittheilung, wogegen wieder die Schnapper-Elle ihr ausführlich erzählte, wie sie einst in Amsterdam gewesen, dort wegen ihrer Schönheit gar vielen Nachstellungen unterworfen war, und wie sie drei Tage vor Pfingsten nach Frankfurt gekommen und den Schnapper geheirathet, wie Dieser am Ende gestorben, wie er auf dem Todbette die rührendsten Dinge gesprochen, und wie es schwer sei, als Vorsteherin einer Garküche die Hände zu konserviren. Manchmal sah sie nach der Seite mit wegwerfendem Blicke, der wahrscheinlich einigen spöttischen jungen Weibern galt, die ihren Anzug musterten. Merkwürdig genug war diese Kleidung: ein weit ausgebauschter Rock von weißem Atlas, worin alle Thierarten der Arche Noäh grellfarbig gestickt, ein Wams von Goldstoff wie ein Küraß, die Ärmel von rothem Sammt, gelb geschlitzt, auf dem Haupte eine unmenschlich hohe Mütze, um den Hals eine allmächtige Krause von weißem Steiflinnen, so wie auch eine silberne Kette, woran allerlei Schaupfennige, Kameen und Raritäten, unter andern ein großes Bild der Stadt Amsterdam, bis über den Busen herabhingen. Aber die Kleidung der übrigen Frauen war nicht minder merkwürdig und bestand wohl aus einem Gemische von Moden verschiedener Zeiten, und manches Weiblein, bedeckt mit Gold und Diamanten, glich einem wandelnden Juwelierladen. Es war freilich den Frankfurter Juden damals eine bestimmte Kleidung gesetzlich vorgeschrieben, und zur Unterscheidung von den Christen sollten die Männer an ihren Mänteln gelbe Ringe und die Weiber an ihren Mützen hochaufstehende blaugestreifte Schleier tragen. Jedoch im Judenquartier wurde diese obrigkeitliche Verordnung wenig beachtet, und dort, besonders an Festtagen und zumal in der Synagoge, suchten die Weiber so viel Kleiderpracht als möglich gegen einander auszukramen, theils um sich beneiden zu lassen, theils auch um

den Wohlstand und die Kreditfähigkeit ihrer Ehe=
herrn darzuthun.

Während nun unten in der Synagoge die
Gesetzabschnitte aus den Büchern Mosis vorgelesen
werden, pflegt dort die Andacht etwas nachzulassen.
Mancher macht es sich bequem und setzt sich nieder,
flüstert auch wohl mit einem Nachbar über welt=
liche Angelegenheiten, oder geht hinaus auf den
Hof, um frische Luft zu schöpfen. Kleine Knaben
nehmen sich unterdessen die Freiheit, ihre Mütter
in der Weiberabtheilung zu besuchen, und hier hat
alsdann die Andacht wohl noch größere Rück=
schritte gemacht; hier wird geplaudert, geruddelt,
gelacht, und, wie es überall geschieht, die jünge=
ren Frauen scherzen über die alten, und Diese
klagen wieder über Leichtfertigkeit der Jugend und
Verschlechterung der Zeiten. Gleichwie es aber
unten in der Synagoge zu Frankfurt einen Vor=
sänger gab, so gab es in der oberen Abtheilung
eine Vorklatscherin. Das war Hündchen Reiß,
eine platte grünliche Frau, die jedes Unglück wit=
terte und immer eine skandalöse Geschichte auf der
Zunge trug. Die gewöhnliche Zielscheibe ihrer
Spitzreden war die arme Schnapper=Elle, sie wußte
gar drollig die erzwungen vornehmen Gebärden
derselben nachzuäffen, so wie auch den schmachten=

den Anstand, womit sie die schalkhaften Huldigungen der Jugend entgegen nimmt.

„Wißt ihr wohl," — rief jetzt Hündchen Reiß — „die Schnapper-Elle hat gestern gesagt: Wenn ich nicht schön und klug und geliebt wäre, so möchte ich nicht auf der Welt sein!"

Da wurde etwas laut gekichert, und die nahstehende Schnapper-Elle, merkend, daß es auf ihre Kosten geschah, hob verachtungsvoll ihr Auge empor, und wie ein stolzes Prachtschiff segelte sie nach einem entfernteren Platze. Die Vögele Ochs, eine runde, etwas täppische Frau, bemerkte mitleidig, die Schnapper-Elle sei zwar eitel und beschränkt, aber sehr bravmüthig, und sie thue sehr viel Gutes an Leute, die es nöthig hätten.

„Besonders an den Nasenstern" — zischte Hündchen Reiß. Und Alle, die das zarte Verhältnis kannten, lachten um so lauter.

„Wißt ihr wohl" — setzte Hündchen hämisch hinzu — „der Nasenstern schläft jetzt auch im Hause der Schnapper-Elle . . . Aber seht mal, dort unten die Süschen Flörsheim trägt die Halskette, die Daniel Fläsch bei ihrem Manne versetzt hat. Die Fläsch ärgert sich . . . Jetzt spricht sie mit der Flörsheim . . . Wie sie sich so freundlich die

Hand drücken! Und hassen sich doch wie Midian und Moab! Wie sie sich so liebevoll anlächeln! Frest euch nur nicht vor lauter Zärtlichkeit! Ich will mir das Gespräch anhören."

Und nun, gleich einem lauernden Thiere, schlich Hündchen Reiß hinzu und hörte, daß die beiden Frauen theilnehmend einander klagten, wie sehr sie sich verflossene Woche abgearbeitet, um in ihren Häusern aufzuräumen und das Küchengeschirr zu scheuern, was vor dem Paschafeste geschehen muß, damit kein einziges Brosämchen der gesäuerten Bröte daran kleben bleibe. Auch von der Mühseligkeit beim Backen der ungesäuerten Bröte sprachen die beiden Frauen. Die Fläsch hatte noch besondere Beklagnisse; im Backhause der Gemeinde mußte sie viel Ärger erleiden, nach der Entscheidung des Loses konnte sie dort erst in den letzten Tagen, am Vorabend des Festes, und erst spät Nachmittags zum Backen gelangen, die alte Hanne hatte den Teig schlecht geknetet, die Mägde rollten mit ihren Wergelhölzern den Teig viel zu dünn, die Hälfte der Bröte verbrannte im Ofen, und außerdem regnete es so stark, daß es durch das bretterne Dach des Backhauses beständig tröpfelte, und sie mußten sich dort, naß und müde, bis tief in die Nacht abarbeiten.

„Und daran, liebe Flörsheim" — setzte die Fläsch hinzu mit einer schonenden Freundlichkeit, die keineswegs ächt war — „daran waren Sie auch ein bischen Schuld, weil Sie mir nicht Ihre Leute zur Hilfeleistung beim Backen geschickt haben."

„Ach, Verzeihung" — erwiederte die Andre — „meine Leute waren zu sehr beschäftigt, die Meßwaaren müssen verpackt werden, wir haben jetzt so Viel zu thun, mein Mann . . ."

„Ich weiß," — fiel ihr die Fläsch mit schneidend hastigem Tone in die Rede — „ich weiß, ihr habt Viel zu thun, viel' Pfänder und gute Geschäfte, und Halsketten . . ."

Eben wollte ein giftiges Wort den Lippen der Sprecherin entgleiten, und die Flörsheim ward schon roth wie ein Krebs, als plötzlich Hündchen Reiß laut aufkreischte: „Um Gottes Willen, die fremde Frau liegt und stirbt . . . Wasser! Wasser!"

Die schöne Sara lag in Ohnmacht, blaß wie der Tod, und um sie herum drängte sich ein Schwarm von Weibern, geschäftig und jammernd. Die Eine hielt ihr den Kopf, eine Zweite hielt ihr den Arm; einige alte Frauen bespritzten sie mit den Wassergläschen, die hinter ihren Betpulten hängen zum Behufe des Händewaschens, im Fall sie zufällig ihren eignen Leib berührten; Andre hielten unter die Nase der Ohnmächtigen eine alte Citrone, die, mit Gewürznägelchen durchstochen, noch vom letzten Fasttage herrührte, wo sie zum nervenstärkenden Anriechen diente. Ermattet und tief seufzend schlug endlich die schöne Sara die Augen auf, und mit stummen Blicken dankte sie für die gütige Sorgfalt. Doch jetzt ward unten das Achtzehn=Gebet, welches Niemand versäumen darf, feierlich angestimmt, und die geschäftigen Weiber eilten zurück nach ihren Plätzen, und verrichteten jenes Gebet; wie es geschehen muß, stehend und das Gesicht gewendet gegen Morgen, welches die Himmelsgegend, wo Jerusalem liegt. Vögele Ochs, Schnapper=Elle und Hündchen Reiß verweilten am längsten bei der schönen Sara; die beiden Ersteren, indem sie ihr eifrigst ihre Dienste anboten, die Letztere, indem sie sich nochmals bei ihr erkundigte, weshalb sie so plötzlich ohnmächtig geworden.

Die Ohnmacht der schönen Sara hatte aber eine ganz besondere Ursache. Es ist nämlich Gebrauch in der Synagoge, daß Jemand, welcher einer großen Gefahr entronnen, nach der Verlesung der Gesetzabschnitte öffentlich hervortritt und der göttlichen Vorsicht für seine Rettung dankt. Als nun Rabbi Abraham zu solcher Danksagung unten in der Synagoge sich erhob, und die schöne

Sara die Stimme ihres Mannes erkannte, merkte sie, wie der Ton derselben allmählig in das trübe Gemurmel des Todtengebetes überging, sie hörte die Namen ihrer Lieben und Verwandten, und zwar begleitet von jenem segnenden Beiwort, das man den Verstorbenen ertheilt; und die letzte Hoffnung schwand aus der Seele der schönen Sara, und ihre Seele ward zerrissen von der Gewißheit, daß ihre Lieben und Verwandte wirklich ermordet worden, daß ihre kleine Nichte todt sei, daß auch ihre Bäschen, Blümchen und Vögelchen, todt seien, auch der kleine Gottschalk todt sei, Alle ermordet und todt! Von dem Schmerze dieses Bewußtseins wäre sie schier selber gestorben, hätte sich nicht eine wohlthätige Ohnmacht über ihre Sinne ergossen.

Kapitel III.

Als die schöne Sara nach beendigtem Gottesdienste in den Hof der Synagoge hinabstieg, stand dort der Rabbi, harrend seines Weibes. Er nickte ihr mit heiterem Antlitz und geleitete sie hinaus auf die Straße, wo die frühere Stille ganz verschwunden und ein lärmiges Menschengewimmel zu schauen war. Bärtige Schwarzröcke, wie Ameisenhaufen; Weiber, glanzreich hinflatternd, wie Goldkäfer; neugekleidete Knaben, die den Alten die Gebetbücher nachtrugen; junge Mädchen, die, weil sie nicht in die Synagoge gehen dürfen, jetzt aus den Häusern ihren Eltern entgegen hüpfen, vor ihnen die Lockenköpfchen beugen, um den Segen zu empfangen — Alle heiter und freudig, und die Gasse auf und ab spazierend im seligen Vorgefühl eines guten Mittagmahls, dessen lieblicher Duft schon mundwässernd hervorstieg aus den schwarzen, mit Kreide bezeichneten Töpfen, die eben von den lachenden Mägden aus dem großen Gemeinde-Ofen geholt worden.

In diesem Gewirre war besonders bemerkbar die Gestalt eines spanischen Ritters, auf dessen jugendlichen Gesichtszügen jene reizende Blässe lag, welche die Frauen gewöhnlich einer unglücklichen Liebe, die Männer hingegen einer glücklichen zuschreiben. Sein Gang, obschon gleichgültig hinschlendernd, hatte dennoch eine etwas gesuchte Zierlichkeit; die Federn seines Barettes bewegten sich mehr durch das vornehme Wiegen des Hauptes als durch das Wehen des Windes; mehr als eben nothwendig klirrten seine goldenen Sporen und das Wehrgehänge seines Schwertes, welches er im Arme zu tragen schien, und dessen Griff kostbar hervorblitzte aus dem weißen Reitermantel, der seine schlanken Glieder scheinbar nachlässig umhüllte und dennoch den sorgfältigsten Faltenwurf verrieth. Hin und wieder, theils mit Neugier, theils mit Kennermienen, nahte er sich den vorüberwandelnden Frauenzimmern, sah ihnen seelenruhig fest ins Antlitz, verweilte bei solchem Anschauen, wenn die Gesichter der Mühe lohnten, sagte auch manchem liebenswürdigen Kinde einige rasche Schmeichelworte, und schritt sorglos weiter, ohne die Wirkung zu erwarten. Die schöne Sara hatte er schon mehrmals umkreist, jedesmal wieder zurückgescheucht von dem gebietenden Blick Derselben oder auch von der räthselhaft lächelnden Miene ihres Mannes, aber endlich, in stolzem Abstreifen aller scheuen Befangenheit, trat er Beiden keck in den Weg, und mit stutzerhafter Sicherheit und süßlich galantem Tone hielt er folgende Anrede:

„Sennora, ich schwöre! Hört, Sennora, ich schwöre! Bei den Rosen beider Kastilien, bei den arragonesischen Hyacinthen und andalusischen Granatblüthen! Bei der Sonne, die ganz Spanien mit all' seinen Blumen, Zwiebeln, Erbsensuppen, Wäldern, Bergen, Mauleseln, Ziegenböcken und Alt-Christen beleuchtet! Bei der Himmelsdecke, woran diese Sonne nur ein goldner Quast ist! Und bei dem Gott, der auf der Himmelsdecke sitzt, und Tag und Nacht über neue Bildung holdseliger Frauengestalten nachsinnt . . . Ich schwöre, Sennora, Ihr seid das schönste Weib, das ich im deutschen Lande gesehen habe, und so Ihr gewillet seid, meine Dienste anzunehmen, so bitte ich Euch um die Gunst, Huld und Erlaubnis, mich Euren Ritter nennen zu dürfen, und in Schimpf und Ernst Eure Farben zu tragen!"

Ein erröthender Schmerz glitt über das Antlitz der schönen Sara, und mit einem Blicke, der um so schneidender wirkt, je sanfter die Augen sind, die ihn versenden, und mit einem Tone, der um so vernichtender, je bebend weicher die Stimme, antwortete die tiefgekränkte Frau:

„Edler Herr! Wenn Ihr mein Ritter sein wollt, so müßt Ihr gegen ganze Völker kämpfen, und in diesem Kampfe giebt es wenig Dank und noch weniger Ehre zu gewinnen! Und wenn Ihr gar meine Farben tragen wollt, so müßt Ihr gelbe Ringe auf Euren Mantel nähen oder eine blaugestreifte Schärpe umbinden; denn Dieses sind meine Farben, die Farben meines Hauses, des Hauses, welches Israel heißt, und sehr elend ist, und auf den Gassen verspottet wird von den Söhnen des Glücks!"

Plötzliche Purpurröthe bedeckte die Wangen des Spaniers, eine unendliche Verlegenheit arbeitete in allen seinen Zügen, und fast stotternd sprach er:

„Sennora . . . Ihr habt mich mißverstanden . . . unschuldiger Scherz . . . aber, bei Gott, kein Spott, kein Spott über Israel . . . ich stamme selber aus dem Hause Israel . . . mein Großvater war ein Jude, vielleicht sogar mein Vater . . ."

„Und ganz sicher, Sennor, ist Euer Oheim ein Jude" — fiel ihm der Rabbi, der dieser Scene ruhig zugesehen, plötzlich in die Rede, und mit einem fröhlich neckenden Blicke setzte er hinzu: — „Und ich will mich selbst dafür verbürgen, daß Don Isaak Abarbanel, Neffe des großen Rabbi, dem besten Blute Israel's entsprossen ist, wo nicht gar dem königlichen Geschlechte David's!"

Da klirrte das Schwertgehänge unter dem Mantel des Spaniers, seine Wangen erblichen wieder bis zur fahlsten Blässe, auf seiner Oberlippe zuckte es wie Hohn, der mit dem Schmerze ringt, aus seinen Augen grinste der zornigste Tod, und in einem ganz verwandelten, eiskalten, scharfgehackten Tone sprach er:

„Sennor Rabbi! Ihr kennt mich. Nun wohlan, so wißt Ihr auch, wer ich bin. Und weiß der Fuchs, daß ich der Brut des Löwen angehöre, so wird er sich hüten, und seinen Fuchsbart nicht in Lebensgefahr bringen und meinen Zorn nicht reizen! Wie will der Fuchs den Löwen richten? Nur wer wie der Löwe fühlt, kann seine Schwächen begreifen . . ."

„O, ich begreife es wohl," — antwortete der Rabbi, und wehmüthiger Ernst zog über seine Stirne — „ich begreife es wohl, wie der stolze

Leu aus Stolz seinen fürstlichen Pelz abwirft und sich in den bunten Schuppenpanzer des Krokodils verkappt, weil es Mode ist, ein greinendes, schlaues, gefräßiges Krokodil zu sein! Was sollen erst die geringeren Thiere beginnen, wenn sich der Löwe verleugnet? Aber hüte dich, Don Isaak, du bist nicht geschaffen für das Element des Krokodils. Das Wasser — (du weißt wohl, wovon ich rede) — ist dein Unglück, und du wirst untergehen. Nicht im Wasser ist dein Reich; die schwächste Forelle kann besser darin gedeihen als der König des Waldes. Weißt du noch, wie dich die Strudel des Tago verschlingen wollten . . . ."

In ein lautes Gelächter ausbrechend, fiel Don Isaak plötzlich dem Rabbi um den Hals, verschloß seinen Mund mit Küssen, sprang sporenklirrend vor Freude in die Höhe, daß die vorbeigehenden Juden zurückschraken, und in seinem natürlich herzlich heiteren Tone rief er:

„Wahrhaftig, du bist Abraham von Bacha=rach! Und es war ein guter Witz und obendrein ein Freundschaftsstück, als du zu Toledo von der Alkantara=Brücke ins Wasser sprangest und deinen Freund, der besser trinken als schwimmen konnte, beim Schopf faßtest und aufs Trockene zogest! Ich war nahe dran, recht gründliche Untersuchungen

anzustellen, ob auf dem Grunde des Tago wirklich
Goldkörner zu finden, und ob ihn mit Recht die
Römer den goldnen Fluß genannt haben. Ich sage
dir, ich erkälte mich noch heute durch die bloße
Erinnerung an jene Wasserpartie."

Bei diesen Worten gebärdete sich der Spanier, als wollte er anhängende Wassertropfen von sich abschütteln. Das Antlitz des Rabbi aber war gänzlich aufgeheitert. Er drückte seinem Freunde wiederholentlich die Hand, und jedesmal sagte er: „Ich freue mich!"

„Und ich freue mich ebenfalls," — sprach der Andere — „wir haben uns seit sieben Jahren nicht gesehen; bei unserem Abschied war ich noch ein ganz junger Gelbschnabel, und du, du warst schon so gesetzt und ernsthaft ... Was ward aber aus der schönen Donna, die dir damals so viele Seufzer kostete, wohlgereimte Seufzer, die du mit Lautenklang begleitet hast ..."

„Still, still! die Donna hört uns, sie ist mein Weib, und du selbst hast ihr heute eine Probe deines Geschmackes und Dichtertalentes dargebracht."

Nicht ohne Nachwirkung der früheren Verlegenheit begrüßte der Spanier die schöne Frau, welche mit anmuthiger Güte jetzt bedauerte, daß sie durch Äußerungen des Unmuths einen Freund ihres Mannes betrübt habe.

„Ach, Sennora," — antwortete Don Isaak — „wer mit täppischer Hand nach einer Rose griff, darf sich nicht beklagen, daß ihn die Dornen verletzten! Wenn der Abendstern sich im blauen Strome goldfunkelnd abspiegelt . . ."

„Ich bitte dich um Gotteswillen," — unterbrach ihn der Rabbi — „hör auf! . . . Wenn wir so lange warten sollen, bis der Abendstern sich im blauen Strome goldfunkelnd abspiegelt, so verhungert meine Frau; sie hat seit gestern Nichts gegessen und seitdem viel Ungemach und Mühsal erlitten."

„Nun, so will ich euch nach der besten Garküche Israel's führen" — rief Don Isaak — „nach dem Hause meiner Freundin Schnapper-Elle, das hier in der Nähe. Schon rieche ich ihren holden Duft, nämlich der Garküche. O wüßtest du, Abraham, wie dieser Duft mich anspricht! Er ist es, der mich, seit ich in dieser Stadt verweile, so oft hinlockt nach den Zelten Jakob's. Der Verkehr mit dem Volke Gottes ist sonst nicht meine Liebhaberei, und wahrlich nicht um hier zu beten, sondern um zu essen, besuche ich die Judengasse . . ."

„Du hast uns nie geliebt, Don Isaak . . ."

„Ja" — fuhr der Spanier fort — „ich liebe eure Küche weit mehr als euren Glauben; es fehlt ihm die rechte Sauce. Euch selber habe ich nie ordentlich verdauen können. Selbst in euren besten Zeiten, selbst unter der Regierung meines Ahnherrn David's, welcher König war über Juda und Israel, hätte ich es nicht unter euch aushalten können, und ich wäre gewiß eines frühen Morgens aus der Burg Zion entsprungen und nach Phönicien emigriert oder nach Babylon, wo die Lebenslust schäumte im Tempel der Götter..."

„Du lästerst, Isaak, den einzigen Gott," — murmelte finster der Rabbi — „du bist weit schlimmer als ein Christ, du bist ein Heide, ein Götzendiener..."

„Ja, ich bin ein Heide, und eben so zuwider wie die dürren, freudlosen Hebräer sind mir die trüben, qualsüchtigen Nazarener. Unsere liebe Frau von Sidon, die heilige Astarte, mag es mir verzeihen, daß ich vor der schmerzenreichen Mutter des Gekreuzigten niederknie und bete... Nur mein Knie und meine Zunge huldigt dem Tode, mein Herz blieb treu dem Leben!..."

„Aber schau nicht so sauer," — fuhr der Spanier fort in seiner Rede, als er sah, wie wenig dieselbe den Rabbi zu erbauen schien — "schau mich nicht an mit Abscheu. Meine Nase ist nicht abtrünnig geworden. Als mich einst der Zufall um Mittagszeit in diese Straße führte, und aus den Küchen der Juden mir die wohlbekannten Düfte in die Nase stiegen, da erfaßte mich jene Sehnsucht, die unsere Väter empfanden, als sie zurückdachten an die Fleischtöpfe Ägyptens; wohlschmeckende Jugenderinnerungen stiegen in mir auf; ich sah wieder im Geiste die Karpfen mit brauner Rosinensauce, die meine Tante für den Freitagabend so erbaulich zu bereiten wußte; ich sah wieder das gedämpfte Hammelfleisch mit Knoblauch und Mairettig, womit man die Todten erwecken kann, und die Suppe mit schwärmerisch schwimmenden Klößchen . . . und meine Seele schmolz, wie die Töne einer verliebten Nachtigall, und seitdem esse ich in der Garküche meiner Freundin Donna Schnapper=Elle!"

Diese Garküche hatte man unterdessen erreicht; Schnapper=Elle selbst stand an der Thüre ihres Hauses, die Meßfremden, die sich hungrig hineindrängten, freundlich begrüßend. Hinter ihr, den Kopf über ihre Schulter hinauslehnend, stand der lange Nasenstern und musterte neugierig ängstlich die Ankömmlinge. Mit übertriebener Gran=

dezza nahte sich Don Isaak unserer Gastwirthin, die seine schalkhaft tiefen Verbeugungen mit unendlichen Knixen erwiderte; darauf zog er den Handschuh ab von seiner rechten Hand, umwickelte sie mit dem Zipfel seines Mantels, ergriff damit die Hand der Schnapper-Elle, strich sie langsam über die Haare seines Stutzbartes und sprach:

„Sennora! Eure Augen wetteifern mit den Gluthen der Sonne! Aber obgleich die Eier, je länger sie gekocht werden, sich desto mehr verhärten, so wird dennoch mein Herz nur um so weicher, je länger es von den Flammenstrahlen Eurer Augen gekocht wird! Aus der Dotter meines Herzens flattert hervor der geflügelte Gott Amur und sucht ein trauliches Nestchen in Eurem Busen... Diesen Busen, Sennora, womit soll ich ihn vergleichen? Es giebt in der weiten Schöpfung keine Blume, keine Frucht, die ihm ähnlich wäre! Dieses Gewächs ist einzig in seiner Art. Obgleich der Sturm die zartesten Röslein entblättert, so ist doch Euer Busen eine Winterrose, die allen Winden trotzt! Obgleich die saure Citrone, je mehr sie altert, nur desto gelber und runzlichter wird, so wetteifert dennoch Euer Busen mit der Farbe und Zartheit der süßesten Ananas! O Sennora, ist auch die Stadt Amsterdam so schön, wie Ihr mir gestern und vorgestern und alle Tage erzählt habt, so ist doch der Boden, worauf sie ruht, noch tausendmal schöner..."

Der Ritter sprach diese letztern Worte mit erheuchelter Befangenheit und schielte schmachtend nach dem großen Bilde, das an Schnapper-Elle's Halse hing; der Nasenstern schaute von oben herab mit suchenden Augen, und der belobte Busen setzte sich in eine so wogende Bewegung, daß die Stadt Amsterdam hin und her wackelte.

„Ach!" — seufzte die Schnapper-Elle — „Tugend ist mehr werth als Schönheit. Was nützt mir die Schönheit? Meine Jugend geht vorüber, und seit Schnapper todt ist — er hat wenigstens schöne Hände gehabt — was hilft mir da die Schönheit?"

Und dabei seufzte sie wieder, und wie ein Echo, fast unhörbar, seufzte hinter ihr der Nasenstern.

„Was Euch die Schönheit nützt?" — rief Don Isaak — „O, Donna Schnapper-Elle, versündigt Euch nicht an der Güte der schaffenden Natur! Schmäht nicht ihre holdesten Gaben! Sie würde sich furchtbar rächen. Diese beseligenden Augen würden blöde verglasen, diese anmuthigen

Lippen würden sich bis ins Abgeschmackte verplatten, dieser keusche, liebesuchende Leib würde sich in eine schwerfällige Talgtonne verwandeln, die Stadt Amsterdam würde auf einen muffigen Morast zu ruhen kommen —"

Und so schilderte er Stück vor Stück das jetzige Aussehn der Schnapper=Elle, so daß der armen Frau sonderbar beängstigend zu Muthe ward, und sie den unheimlichen Reden des Ritters zu entrinnen suchte. In diesem Augenblicke war sie doppelt froh, als sie der schönen Sara ansichtig ward und sich angelegentlichst erkundigen konnte, ob sie ganz von ihrer Ohnmacht genesen. Sie stürzte sich dabei in ein lebhaftes Gespräch, worin sie alle ihre falsche Vornehmthuerei und echte Herzensgüte entwickelte, und mit mehr Weitläuftigkeit als Klugheit die fatale Geschichte erzählte, wie sie selbst vor Schrecken fast in Ohnmacht gefallen wäre, als sie wildfremd mit der Trekschuite zu Amsterdam ankam, und der spitzbübische Träger ihres Koffers sie nicht in ein ehrbares Wirthshaus, sondern in ein freches Frauenhaus brachte, was sie bald gemerkt an dem vielen Branntweingesöffe und den unsittlichen Zumuthungen . . . und sie wäre, wie gesagt, wirklich in Ohnmacht gefallen, wenn sie es während der sechs Wochen, die sie in jenem ver=

fänglichen Hause zubrachte, nur einen Augenblick wagen durfte, die Augen zu schließen . . ."

„Meiner Tugend wegen" — setzte sie hinzu — „durfte ich es nicht wagen. Und das Alles passierte mir wegen meiner Schönheit! Aber Schönheit vergeht, und Tugend besteht."

Don Isaak war schon im Begriff, die Einzelheiten dieser Geschichte kritisch zu beleuchten, als glücklicherweise der schele Aron Hirschkuh von Homburg an der Lahn, mit der weißen Serviette im Maule, aus dem Hause hervorkam, und ärgerlich klagte, daß schon längst die Suppe aufgetragen sei und die Gäste zu Tische säßen und die Wirthin fehle. — — —

(Der Schluß und die folgenden Kapitel sind, ohne Verschulden des Autors, verloren gegangen.)

Aus den Memoiren des Herrn von Schnabelewopski.

Erstes Buch.

(1831.)

Kapitel I.

Mein Vater hieß Schnabelewopski, meine Mutter hieß Schnabelewopska; als Beider ehelicher Sohn wurde ich geboren den ersten April 1795 zu Schnabelewops. Meine Großtante, die alte Frau von Pipitzka, pflegte meine erste Kindheit, und erzählte mir viele schöne Märchen, und sang mich oft in den Schlaf mit einem Liede, dessen Worte und Melodie meinem Gedächtnisse entfallen. Ich vergesse aber nie die geheimnisvolle Art, wie sie mit dem zitternden Kopfe nickte, wenn sie es sang, und wie wehmüthig ihr großer einziger Zahn, der Einsiedler ihres Mundes, alsdann zum Vorschein kam. Auch erinnere ich mich noch manchmal des Papageis, über dessen Tod sie oft bitterlich weinte. Die alte Großtante ist jetzt ebenfalls todt, und ich bin in der ganzen Welt wohl der einzige

Mensch, der an ihren lieben Papagei noch denkt. Unsere Katze hieß Mimi, und unser Hund hieß Joli. Er hatte viel Menschenkenntnis und ging mir immer aus dem Wege, wenn ich zur Peitsche griff. Eines Morgens sagte unser Bedienter, der Hund trage den Schwanz etwas eingekniffen zwischen den Beinen und lasse die Zunge länger als gewöhnlich hervorhängen; und der arme Joli wurde, nebst einigen Steinen, die man ihm an den Hals festband, ins Wasser geworfen. Bei dieser Gelegenheit ertrank er. Unser Bedienter hieß Prrschtzztwitsch. Man muß dabei niesen, wenn man diesen Namen richtig aussprechen will. Unsere Magd hieß Swurtszska, welches im Deutschen etwas rauh, im Polnischen aber äußerst melodisch klingt. Es war eine dicke, untersetzte Person mit weißen Haaren und blonden Zähnen. Außerdem liefen noch zwei schöne schwarze Augen im Hause herum, welche man Seraphine nannte. Es war mein schönes herzliebes Mühmelein, und wir spielten zusammen im Garten, und belauschten die Haushaltung der Ameisen, und haschten Schmetterlinge, und pflanzten Blumen. Sie lachte einst wie toll, als ich meine kleinen Strümpfchen in die Erde pflanzte, in der Meinung, daß ein Paar große

Hosen für meinen Vater daraus hervorwachsen würden.

Mein Vater war die gütigste Seele von der Welt und war lange Zeit ein wunderschöner Mann; der Kopf gepudert, hinten ein niedlich geflochtenes Zöpfchen, das nicht herabhing, sondern mit einem Kämmchen von Schildkröte auf dem Scheitel befestigt war. Seine Hände waren blendend weiß, und ich küßte sie oft. Es ist mir, als röche ich noch ihren süßen Duft und er dränge mir stechend ins Auge. Ich habe meinen Vater sehr geliebt; denn ich habe nie daran gedacht, daß er sterben könne.

Mein Großvater väterlicher Seite war der alte Herr von Schnabelewopski; ich weiß gar Nichts von ihm, außer daß er ein Mensch und daß mein Vater sein Sohn war. Mein Großvater mütterlicher Seite war der alte Herr von Wlrsrnski (man muß gleichfalls niesen, wenn man seinen Namen richtig aussprechen will), und er ist abgemalt in einem scharlachrothen Sammetrock und einem langen Degen, und meine Mutter erzählte mir oft, daß er einen Freund hatte, der einen grünseidenen Rock, rosaseidne Hosen und weißseidne Strümpfe trug, und wüthend den kleinen Chapeaubas hin und her schwenkte, wenn er vom König von Preußen sprach.

Meine Mutter, Frau von Schnabelewopska, gab mir, als ich heranwuchs, eine gute Erziehung. Sie hatte Viel gelesen; als sie mit mir schwanger ging, las sie fast ausschließlich den Plutarch, und hat sich vielleicht an einem von Dessen großen Männern versehen, wahrscheinlich an einem von den Gracchen. Daher meine mystische Sehnsucht, das agrarische Gesetz in moderner Form zu verwirklichen. Mein Freiheits- und Gleichheitssinn ist vielleicht solcher mütterlicher Vorlektüre beizumessen. Hätte meine Mutter damals das Leben des Cartouche gelesen, so wäre ich vielleicht ein großer Bankier geworden. Wie oft als Knabe versäumte ich die Schule, um auf den schönen Wiesen von Schnabelewops einsam darüber nachzudenken, wie man die ganze Menschheit beglücken könnte. Man hat mich deßhalb oft einen Müßiggänger gescholten und als Solchen bestraft; und für meine Weltbeglückungsgedanken mußte ich schon damals viel Leid und Noth erdulden. Die Gegend um Schnabelewops ist übrigens sehr schön, es fließt dort ein Flüßchen, worin man des Sommers sehr angenehm badet, auch giebt es allerliebste Vogelnester in den Gehölzen des Ufers. Das alte Gnesen, die ehemalige Hauptstadt von Polen, ist nur drei Meilen davon entfernt. Dort im Dom ist der

heilige Adalbert begraben. Dort steht sein silberner
Sarkophag, und darauf liegt sein eignes Konterfei
in Lebensgröße, mit Bischofmütze und Krummstab,
die Hände fromm gefaltet, und Alles von gosse-
nem Silber. Wie oft muß ich deiner gedenken,
du silberner Heiliger! Ach, wie oft schleichen meine
Gedanken nach Polen zurück, und ich stehe wieder
in dem Dome von Gnesen, an den Pfeiler gelehnt,
bei dem Grabmal Adalbert's! Dann rauscht auch
wieder die Orgel, als probiere der Organist ein
Stück aus Allegri's Miserere; in einer fernen
Kapelle wird eine Messe gemurmelt; die letzten
Sonnenlichter fallen durch die bunten Fensterscheiben; die Kirche ist leer; nur vor dem silbernen
Grabmal des Heiligen liegt eine betende Gestalt,
ein wunderholdes Frauenbild, das mir einen raschen
Seitenblick zuwirft, aber eben so rasch sich wieder
gegen den Heiligen wendet und mit ihren sehnsüchtig schlauen Lippen die Worte flüstert: „Ich
bete dich an!"

In demselben Augenblick, als ich diese Worte
hörte, klingelte in der Ferne der Meßner, die
Orgel rauschte mit schwellendem Ungestüm, das
holde Frauenbild erhob sich von den Stufen des
Grabmals, warf ihren weißen Schleier über das
erröthende Antlitz, und verließ den Dom.

„Ich bete dich an!" Galten diese Worte mir oder dem silbernen Adalbert? Gegen Diesen hatte sie sich gewendet, aber nur mit dem Antlitz. Was bedeutete jener Seitenblick, den sie mir vorher zugeworfen und dessen Strahlen sich über meine Seele ergossen, gleich einem langen Lichtstreif, den der Mond über das nächtliche Meer dahingießt, wenn er aus dem Wolkendunkel hervortritt und sich schnell wieder dahinter verbirgt? In meiner Seele, die eben so düster wie das Meer, weckte jener Lichtstreif alle die Ungethüme, die im tiefen Grunde schliefen, und die tollsten Haifische und Schwertfische der Leidenschaft schossen plötzlich hervor, und tummelten sich, und bissen sich vor Wonne in den Schwänzen, und dabei brauste und kreischte immer gewaltiger die Orgel, wie Sturmgetöse auf der Nordsee.

Den anderen Tag verließ ich Polen.

Kapitel II.

Meine Mutter packte selbst meinen Koffer; mit jedem Hemde hat sie auch eine gute Lehre hineingepackt. Die Wäscherinnen haben mir späterhin alle diese Hemde mitsammt den guten Lehren vertauscht. Mein Vater war tief bewegt; und er gab mir einen langen Zettel, worin er artikelweis aufgeschrieben, wie ich mich in dieser Welt zu verhalten habe. Der erste Artikel lautete, daß ich jeden Dukaten zehnmal herumdrehen solle, ehe ich ihn ausgäbe. Das befolgte ich auch im Anfang; nachher wurde mir das beständige Herumdrehen viel zu mühsam. Mit jenem Zettel überreichte mir mein Vater auch die dazu gehörigen Dukaten. Dann nahm er eine Schere, schnitt damit das Zöpfchen von seinem lieben Haupte, und gab mir das Zöpfchen zum Andenken. Ich besitze es noch, und weine immer, wenn ich die gepuderten feinen Härchen betrachte — —

Die Nacht vor meiner Abreise hatte ich folgenden Traum:

Ich ging einsam spazieren in einer heiter schönen Gegend am Meer. Es war Mittag, und die Sonne schien auf das Wasser, daß es wie lauter Diamanten funkelte. Hie und da am Gestade erhob sich eine große Aloe, die sehnsüchtig ihre grünen Arme nach dem sonnigen Himmel emporstreckte. Dort stand auch eine Trauerweide mit lang herabhängenden Tressen, die sich jedesmal emporhoben, wenn die Wellen heranspielten, so daß sie alsdann wie eine junge Nixe aussah, die ihre grünen Locken in die Höhe hebt, um besser hören zu können, was die verliebten Luftgeister ihr ins Ohr flüstern. In der That, Das klang manchmal wie Seufzer und zärtliches Gekose. Das Meer erstrahlte immer blühender und lieblicher, immer wohllautender rauschten die Wellen, und auf den rauschenden glänzenden Wellen schritt einher der silberne Adalbert, ganz wie ich ihn im Gnesener Dome gesehen, den silbernen Krummstab in der silbernen Hand, die silberne Bischofmütze auf dem silbernen Haupte, und er winkte mir mit der Hand und er nickte mir mit dem Haupte, und endlich, als er mir gegenüberstand, rief er mir zu mit unheimlicher Silberstimme: — — —

Ja, die Worte habe ich wegen des Wellengeräusches nicht hören können. Ich glaube aber, mein silberner Nebenbuhler hat mich verhöhnt. Denn ich stand noch lange am Strande und weinte, bis die Abenddämmerung heranbrach und Himmel und Meer trüb und blaß wurden und traurig über alle Maßen. Es stieg die Fluth. Aloe und Weide krachten und wurden fortgeschwemmt von den Wogen, die manchmal hastig zurückliefen und desto ungestümer wieder heranschwollen, tosend, schaurig, in schaumweißen Halbkreisen. Dann aber auch hörte ich ein taktförmiges Geräusch wie Ruderschlag, und endlich sah ich einen Kahn mit der Brandung herantreiben. Vier weiße Gestalten, fahle Todtengesichter, eingehüllt in Leichentüchern, saßen darin und ruderten mit Anstrengung. In der Mitte des Kahnes stand ein blasses, aber unendlich schönes Frauenbild, unendlich zart, wie geformt aus Liljenduft — und sie sprang ans Ufer. Der Kahn mit seinen gespenstischen Ruderknechten schoß pfeilschnell wieder zurück ins hohe Meer, und in meinen Armen lag Panna Jadviga und weinte und lachte: „Ich bete dich an!"

Kapitel III.

Mein erster Ausflug, als ich Schnabelewops verließ, war nach Deutschland, und zwar nach Hamburg, wo ich sechs Monat blieb, statt gleich nach Leyden zu reisen und mich dort, nach dem Wunsche meiner Eltern, dem Studium der Gottesgelahrtheit zu ergeben. Ich muß gestehen, daß ich während jenes Semesters mich mehr mit weltlichen Dingen abgab als mit göttlichen.

Die Stadt Hamburg ist eine gute Stadt; lauter solide Häuser. Hier herrscht nicht der schändliche Macbeth, sondern hier herrscht Banko. Der Geist Banko's herrscht überall in diesem kleinen Freistaate, dessen sichtbares Oberhaupt ein hoch- und wohlweiser Senat. In der That, es ist ein Freistaat, und hier findet man die größte politische Freiheit. Die Bürger können hier thun, was sie wollen, und der hoch= und wohlweise Senat kann hier ebenfalls thun, was er will; Jeder ist hier freier Herr seiner Handlungen. Es ist eine Republik. Hätte Lafayette nicht das Glück gehabt, den Ludwig Philipp zu finden, so würde er gewiß seinen Franzosen die hamburgischen Senatoren und Oberalten empfohlen haben. Hamburg ist die beste Republik. Seine Sitten sind englisch, und sein Essen ist himmlisch. Wahrlich, es giebt Gerichte zwischen dem Wandrahmen und dem Dreckwall, wovon unsere Philosophen keine Ahnung haben. Die Hamburger sind gute Leute und essen gut. Über Religion, Politik und Wissenschaft sind ihre respektiven Meinungen sehr verschieden, aber in Betreff des Essens herrscht das schönste Einverständnis. Mögen die christlichen Theologen dort noch so sehr streiten über die Bedeutung des Abendmahls: über die Bedeutung des Mittagsmahls sind sie ganz einig. Mag es unter den Juden dort eine Partei geben, die das Tischgebet auf Deutsch spricht, während eine andere es auf Hebräisch absingt: beide Parteien essen, und essen gut, und wissen das Essen gleich richtig zu beurtheilen. Die Advokaten, die Bratenwender der Gesetze, die so lange die Gesetze wenden und anwenden, bis ein Braten für sie dabei abfällt, Diese mögen noch so sehr streiten, ob die Gerichte öffentlich sein sollen oder nicht: darüber sind sie einig, daß alle Gerichte gut sein müssen, und Jeder von ihnen hat sein Leibgericht. Das Militär denkt gewiß ganz tapfer spartanisch, aber von der schwarzen Suppe will es doch Nichts wissen. Die Ärzte, die in der Behandlung der Krankheiten so sehr uneinig sind und die dortige Nationalkrankheit (nämlich Magenbeschwerden) als Brownianer durch noch größere Portionen Rauchfleisch oder als Homöopathen durch $1/10000$ Tropfen Absinth in einer großen Kumpe Mockturtelsuppe zu kurieren pflegen: diese Ärzte sind ganz einig, wenn von dem Geschmacke der Suppe und des Rauchfleisches selbst die Rede ist. Hamburg ist die Vaterstadt des letztern, des Rauchfleisches, und rühmt sich Dessen, wie Mainz sich seines Johann Faust's und Eisleben sich seines Luther's zu rühmen pflegt. Aber was bedeutet die Buchdruckerei und die Reformation in Vergleich mit Rauchfleisch? Ob beide ersteren genutzt oder geschadet, darüber streiten zwei Parteien in Deutschland; aber sogar unsere eifrigsten Jesuiten sind eingeständig, daß das Rauchfleisch eine gute, für den Menschen heilsame Erfindung ist.

Hamburg ist erbaut von Karl dem Großen und wird bewohnt von 80,000 kleinen Leuten, die Alle mit Karl dem Großen, der in Aachen begraben liegt, nicht tauschen würden. Vielleicht beträgt die Bevölkerung von Hamburg gegen 100,000; ich weiß es nicht genau, obgleich ich ganze Tage lang auf den Straßen ging, um mir dort die Menschen zu betrachten. Auch habe ich gewiß manchen Mann übersehen, indem die Frauen meine besondere Aufmerksamkeit in Anspruch nahmen. Letztere fand ich durchaus nicht mager, sondern meistens sogar korpulent, mitunter reizend schön, und im Durchschnitt von einer gewissen wohlhabenden Sinnlichkeit, die mir bei Leibe nicht mißfiel. Wenn sie in der romantischen Liebe sich nicht allzu schwärmerisch zeigen und von der großen Leidenschaft des Herzens wenig ahnen, so ist Das nicht ihre Schuld, sondern die Schuld Amor's, des kleinen Gottes, der manchmal die schärfsten Liebespfeile auf seinen Bogen legt, aber aus Schalkheit oder Ungeschick viel zu tief schießt, und statt des Herzens der Hamburgerinnen nur ihren Magen zu treffen pflegt. Was die Männer betrifft so sah ich meistens untersetzte Gestalten, verständige kalte Augen, kurze Stirn, nachlässig herabhängende rothe Wangen, die Eßwerkzeuge besonders ausgebildet, der Hut wie festgenagelt auf dem Kopfe, und die Hände in beiden Hosentaschen, wie Einer, der eben fragen will: Was hab' ich zu bezahlen?

Zu den Merkwürdigkeiten der Stadt gehören: 1) das alte Rathhaus, wo die großen Hamburger Bankiers, aus Stein gemeißelt und mit Scepter und Reichsapfel in Händen, abkonterfeit stehen. 2) Die Börse, wo sich täglich die Söhne Hammonia's versammeln, wie einst die Römer auf dem Forum, und wo über ihren Häuptern eine schwarze Ehrentafel hängt mit dem Namen ausgezeichneter Mitbürger. 3) Die schöne Marianne, ein außerordentlich schönes Frauenzimmer, woran der Zahn der Zeit schon seit zwanzig Jahren kaut — Nebenbei gesagt, der „Zahn der Zeit" ist eine schlechte Metapher, denn sie ist so alt, daß sie gewiß keine Zähne mehr hat, nämlich die Zeit — die schöne Marianne hat vielmehr jetzt noch alle ihre Zähne und noch immer Haare darauf, nämlich auf den Zähnen. 4) Die ehemalige Centralkasse. 5) Altona. 6) die Originalmanuskripte von Marr's Tragödien. 7) Der Eigenthümer des Röding'schen Kabinetts. 8) Die Börsenhalle. 9) Die Bacchushalle, und endlich 10) das Stadttheater. Letzteres verdient besonders gepriesen zu werden, seine Mitglieder sind lauter gute Bürger, ehrsame Hausväter, die sich nicht verstellen können und Niemanden täuschen,

Männer, die das Theater zum Gotteshause machen, indem sie den Unglücklichen, der an der Menschheit verzweifelt, aufs wirksamste überzeugen, daß nicht Alles in der Welt eitel Heuchelei und Verstellung ist.

Bei Aufzählung der Merkwürdigkeiten der Republik Hamburg kann ich nicht umhin zu erwähnen, daß zu meiner Zeit der Apollosaal auf der Drehbahn sehr brillant war. Jetzt ist er sehr heruntergekommen, und es werden dort philharmonische Koncerte gegeben, Taschenspielerkünste gezeigt und Naturforscher gefüttert. Einst war es anders! Es schmetterten die Trompeten, es wirbelten die Pauken, es flatterten die Straußfedern, und Heloise und Minka rannten durch die Reihen der Oginski-Polonaise, und Alles war sehr anständig. Schöne Zeit, wo mir das Glück lächelte! Und das Glück hieß Heloise! Es war ein süßes, liebes, beglückendes Glück mit Rosenwangen, Liliennäschen, heißduftigen Nelkenlippen, Augen wie der blaue Bergsee; aber etwas Dummheit lag auf der Stirne, wie ein trüber Wolkenflor über einer prangenden Frühlingslandschaft. Sie war schlank wie eine Pappel und lebhaft wie ein Vogel, und ihre Haut war so zart, daß sie zwölf Tage geschwollen blieb durch den Stich einer Haarnadel. Ihr Schmollen, als ich sie gestochen hatte, dauerte aber nur zwölf Sekunden, nud dann lächelte sie — Schöne Zeit, als das Glück mir lächelte!... Minka lächelte seltener, denn sie hatte keine schöne Zähne. Desto schöner aber waren ihre Thränen, wenn sie weinte, und sie weinte bei jedem fremden Unglück, und sie war wohlthätig über alle Begriffe. Den Armen gab sie ihren letzten Schilling; sie war sogar oft in der Lage, wo sie ihr letztes Hemd weggab, wenn man es verlangte. Sie war so seelengut. Sie konnte Nichts abschlagen, ausgenommen ihr Wasser. Dieser weiche, nachgiebige Charakter kontrastierte gar lieblich mit ihrer äußeren Erscheinung. Eine kühne, junonische Gestalt; weißer frecher Nacken, umringelt von wilden schwarzen Locken, wie von wollüstigen Schlangen; Augen, die unter ihren düsteren Siegesbogen so weltbeherrschend strahlten; purpurstolze, hochgewölbte Lippen; marmorne, gebietende Hände, worauf leider einige Sommersprossen; auch hatte sie in der Form eines kleinen Dolchs ein braunes Muttermal an der linken Hüfte.

Wenn ich dich in sogenannte schlechte Gesellschaft gebracht, lieber Leser, so tröste dich damit, daß sie dir wenigstens nicht so viel gekostet wie mir. Doch wird es später in diesem Buche nicht

an idealischen Frauenspersonen fehlen, und schon jetzt will ich dir zur Erholung zwei Anstandsdamen vorführen, die ich damals kennen und verehren lernte. Es ist Madame Pieper und Madame Schnieper. Erstere war eine schöne Frau in ihren reifsten Jahren, große schwärzliche Augen, eine große weiße Stirne, schwarze falsche Locken, eine kühne altrömische Nase, und ein Maul, das eine Guillotine war für jeden guten Namen. In der That, für einen Namen gab es keine leichtere Hin=
richtungsmaschine als Madame Pieper's Maul; sie ließ ihn nicht lange zappeln, sie machte keine langwichtige Vorbereitungen; war der beste gute Name zwischen ihre Zähne gerathen, so lächelte sie nur — aber dieses Lächeln war wie ein Fallbeil, und die Ehre war abgeschnitten und fiel in den Sack. Sie war immer ein Muster von Anstand, Ehr=
samkeit, Frömmigkeit und Tugend. Von Madame Schnieper ließ sich Dasselbe rühmen. Es war eine zarte Frau, kleine ängstliche Brüste, gewöhnlich mit einem wehmüthig dünnen Flor umgeben, hell=
blonde Haare, hellblaue Augen, die entsetzlich klug hervorstachen aus dem weißen Gesichte. Es hieß, man könne ihren Tritt nie hören, und wirklich, ehe man sich Dessen versah, stand sie oft neben Einem, und verschwand dann wieder eben so ge=

räuschlos. Ihr Lächeln war ebenfalls tödlich für jeden guten Namen, aber minder wie ein Beil, als vielmehr wie jener afrikanische Giftwind, von dessen Hauch schon alle Blumen verwelken; elendiglich verwelken mußte jeder gute Name, über den sie nur leise hinlächelte. Sie war immer ein Muster von Anstand, Ehrsamkeit, Frömmigkeit und Tugend.

Ich würde nicht ermangeln, mehre von den Söhnen Hammonia's ebenfalls hervorzuloben und einige Männer, die man ganz besonders hochschätzt — namentlich Diejenigen, welche man auf einige Millionen Mark Banko zu schätzen pflegt — aufs prächtigste zu rühmen; aber ich will in diesem Augenblick meinen Enthusiasmus unterdrücken, damit er späterhin in desto helleren Flammen emporlodere. Ich habe nämlich nichts Geringeres im Sinn, als einen Ehrentempel Hamburg's herauszugeben, ganz nach demselben Plane, welchen schon vor zehn Jahren ein berühmter Schriftsteller entworfen hat, der in dieser Absicht jeden Hamburger aufforderte, ihm ein specificiertes Inventarium seiner speciellen Tugenden, nebst einem Species=Thaler, aufs schleunigste einzusenden. Ich habe nie recht erfahren können, warum dieser Ehrentempel nicht zur Ausführung kam; denn die Einen sagten, der Unternehmer, der Ehrenmann, sei, als er kaum von

Aaron bis Abendroth gekommen und gleichsam die ersten Klötze eingerammt, von der Last des Materials schon ganz erdrückt worden; die Anderen sagten, der hoch= und wohlweise Senat habe aus allzugroßer Bescheidenheit das Projekt hintertrieben, indem er dem Baumeister seines eignen Ehrentempels plötzlich die Weisung gab, binnen vierundzwanzig Stunden das Hamburgische Gebiet mit allen seinen Tugenden zu verlassen. Aber gleichviel aus welchem Grunde, das Werk ist nicht zu Stande gekommen; und da ich ja doch einmal aus angeborener Neigung etwas Großes thun wollte in dieser Welt und immer gestrebt habe das Unmögliche zu leisten, so habe ich jenes ungeheure Projekt wieder aufgefaßt, und ich liefere einen Ehrentempel Hamburg's, ein unsterbliches Riesenbuch, worin ich die Herrlichkeit aller seiner Einwohner ohne Ausnahme beschreibe, worin ich edle Züge von geheimer Mildthätigkeit mittheile, die noch gar nicht in der Zeitung gestanden, worin ich Großthaten erzähle, die Keiner glauben wird, und worin mein eignes Bildnis, wie ich auf dem Jungfernstieg vor dem Schweizerpavillon sitze und über Hamburg's Verherrlichung nachdenke, als Vignette paradieren soll.

Kapitel IV.

Für Leser, denen die Stadt Hamburg nicht bekannt ist — und es giebt Deren vielleicht in China und Ober=Baiern — für diese muß ich bemerken, daß der schönste Spaziergang der Söhne und Töchter Hammonia's den rechtmäßigen Namen Jungfernstieg führt; daß er aus einer Lindenallee besteht, die auf der einen Seite von einer Reihe Häuser, auf der anderen Seite von dem großen Alsterbassin begrenzt wird; und daß vor letzterem, ins Wasser hineingebaut, zwei zeltartige lustige Kaffehäuslein stehen, die man Pavillons nennt. Besonders vor dem einen, dem sogenannten Schweizerpavillon, läßt sich gut sitzen, wenn es Sommer ist und die Nachmittagssonne nicht zu wild glüht, sondern nur heiter lächelt und mit ihrem Glanze die Linden, die Häuser, die Menschen, die Alster

und die Schwäne, die sich darauf wiegen, fast
märchenhaft lieblich übergießt. Da läßt sich gut
sitzen, und da saß ich gut gar manchen Sommer=
nachmittag, und dachte, was ein junger Mensch
zu denken pflegt, nämlich gar Nichts, und betrach=
tete, was ein junger Mensch zu betrachten pflegt,
nämlich die jungen Mädchen, die vorübergingen
— und da flatterten sie vorüber, jene holden Wesen
mit ihren geflügelten Häubchen und ihren verdeck=
ten Körbchen, worin Nichts enthalten ist — da
trippelten sie dahin, die bunten Vierländerinnen,
die ganz Hamburg mit Erdbeeren und eigener Milch
versehen, und deren Röcke noch immer viel zu lang
sind — da stolzierten die schönen Kaufmannstöchter,
mit deren Liebe man auch so viel bares Geld be=
kömmt — da hüpft eine Amme, auf den Armen
ein rosiges Knäbchen, das sie beständig küßt, wäh=
rend sie an ihren Geliebten denkt — da wandeln
Priesterinnen der schaumentstiegenen Göttin, han=
seatische Vestalen, Dianen, die auf die Jagd gehn,
Najaden, Dryaden, Hamadryaden und sonstige
Predigerstöchter — ach! da wandelt auch Minka
und Heloisa! Wie oft saß ich vor dem Pavillon
und sah sie vorüberwandeln in ihren rosagestreiften
Roben — die Elle kostet 4 Mark und 3 Schilling,
und Herr Seligmann hat mir versichert, die Rosa=

streifen würden im Waschen die Farbe behalten
— Prächtige Dirnen! riefen dann die tugendhaften Jünglinge, die neben mir saßen. — Ich erinnere mich, ein großer Assekuradeur, der immer wie ein Pfingstochs geputzt ging, sagte einst: Die Eine möcht' ich mir mal als Frühstück und die Andere als Abendbrot zu Gemüthe führen, und ich würde an solchem Tage gar nicht zu Mittag speisen — Sie ist ein Engel! sagte einst ein Seekapitän ganz laut, so daß sich beide Mädchen zu gleicher Zeit umsahen, und sich dann einander eifersüchtig anblickten. — Ich selber sagte nie Etwas, und ich dachte meine süßesten Garnichtsgedanken, und betrachtete die Mädchen und den heiter sanften Himmel und den langen Petrithurm mit der schlanken Taille und die stille blaue Alster, worauf die Schwäne so stolz und so lieblich und so sicher umherschwammen. Die Schwäne! Stundenlang konnte ich sie betrachten, diese holden Geschöpfe mit ihren sanften langen Hälsen, wie sie sich üppig auf den weichen Fluthen wiegten, wie sie zuweilen selig untertauchten und wieder auftauchten, und übermüthig plätscherten, bis der Himmel dunkelte, und die goldnen Sterne hervortraten, verlangend, verheißend, wunderbar zärtlich, verklärt. Die Sterne! Sind es goldne Blumen am bräutlichen

Busen des Himmels? Sind es verliebte Engels=
augen, die sich sehnsüchtig spiegeln in den blauen
Gewässern der Erde und mit den Schwänen buhlen?

— — — Ach! Das ist nun lange her. Ich
war damals jung und thöricht. Jetzt bin ich alt
und thöricht. Manche Blume ist unterdessen ver=
welkt und manche sogar zertreten worden. Manches
seidne Kleid ist unterdessen zerrissen, und sogar
der rosagestreifte Kattun des Herrn Seligmann hat
unterdessen die Farbe verloren. Er selbst aber ist
ebenfalls verblichen — die Firma ist jetzt „Selig=
mann's selige Wittwe" — und Heloisa, das sanfte
Wesen, das geschaffen schien, nur auf weichbe=
blümten indischen Teppichen zu wandeln und mit
Pfauenfedern gefächelt zu werden, sie ging unter
in Matrosenlärm, Punsch, Tabaksrauch und schlech=
ter Musik. Als ich Minka wiedersah — sie nannte
sich jetzt Kathinka und wohnte zwischen Hamburg
und Altona — da sah sie aus wie der Tempel
Salomonis, als ihn Nebukadnezar zerstört hatte,
und roch nach assyrischem Knaster — und als sie
mir Heloisa's Tod erzählte, weinte sie bitterlich
und riß sich verzweiflungsvoll die Haare aus, und
wurde schier ohnmächtig, und mußte ein großes
Glas Branntwein austrinken, um zur Besinnung
zu kommen.

Und die Stadt selbst, wie war sie verändert. Und der Jungfernstieg! Der Schnee lag auf den Dächern, und es schien, als hätten sogar die Häuser gealtert und weiße Haare bekommen. Die Linden des Jungfernstiegs waren nur todte Bäume mit dürren Ästen, die sich gespenstisch im kalten Winde bewegten. Der Himmel war schneidend blau und dunkelte hastig. Es war Sonntag, fünf Uhr, die allgemeine Fütterungsstunde, und die Wagen rollten, Herren und Damen stiegen aus mit einem gefrornen Lächeln auf den hungrigen Lippen — Entsetzlich! in diesem Augenblick durchschauerte mich die schreckliche Bemerkung, daß ein unergründlicher Blödsinn auf allen diesen Gesichtern lag, und daß alle Menschen, die eben vorbeigingen, in einem wunderbaren Wahnwitz befangen schienen. Ich hatte sie schon vor zwölf Jahren um dieselbe Stunde mit denselben Mienen, wie die Puppen einer Rathhausuhr, in derselben Bewegung gesehen, und sie hatten seitdem ununterbrochen in derselben Weise gerechnet, die Börse besucht, sich einander eingeladen, die Kinnbacken bewegt, ihre Trinkgelder bezahlt, und wieder gerechnet: zweimal zwei ist vier — Entsetzlich! rief ich, wenn Einem von diesen Leuten, während er auf dem Komptoirbock säße, plötzlich einfiele, daß

zweimal zwei eigentlich fünf sei, und daß er also
sein ganzes Leben verrechnet und sein ganzes Leben
in einem schauderhaften Irrthum vergeudet habe!
Auf einmal aber ergriff mich selbst ein närrischer
Wahnsinn, und als ich die vorüberwandlenden Men=
schen genauer betrachtete, kam es mir vor, als
seien sie selber Nichts anders als Zahlen, als ara=
bische Ziffern; und da ging eine krummfüßige
Zwei neben einer fatalen Drei, ihrer schwangeren
und vollbusigen Frau Gemahlin; dahinter ging
Herr Vier auf Krücken; einherwatschelnd kam eine
fatale Fünf, rundbäuchig mit kleinem Köpfchen;
dann kam eine wohlbekannte kleine Sechse und eine
noch wohlbekanntere böse Sieben — doch als ich
die unglückliche Acht, wie sie vorüberschwankte,
ganz genau betrachtete, erkannte ich den Assekura=
deur, der sonst wie ein Pfingstochs geputzt ging,
jetzt aber wie die magerste von Pharao's mageren
Kühen aussah — blasse hohle Wangen wie ein
leerer Suppenteller, kaltrothe Nase wie eine Win=
terrose, abgeschabter schwarzer Rock, der einen küm=
merlich weißen Wiederschein gab, ein Hut, worin
Saturn mit der Sense einige Luftlöcher geschnitten,
doch die Stiefel noch immer spiegelblank gewichst
— und er schien nicht mehr daran zu denken, He=
loisa und Minka als Frühstück und Abendbrot zu

verzehren, er schien sich vielmehr nach einem Mittagessen von gewöhnlichem Rindfleisch zu sehnen. Unter den vorüberrollenden Nullen erkannte ich noch manchen alten Bekannten. Diese und die anderen Zahlenmenschen rollten vorüber, hastig und hungrig, während unfern längs den Häusern des Jungfernstiegs noch grauenhafter drollig ein Leichenzug sich hinbewegte. Ein trübsinniger Mummenschanz! hinter dem Trauerwagen, einherstelzend auf ihren dünnen schwarzseidenen Beinchen, gleich Marionetten des Todes, gingen die wohlbekannten Rathsdiener, privilegierte Leidtragende in parodiert altburgundischem Kostüm; kurze schwarze Mäntel und schwarze Pluderhosen, weiße Perücken und weiße Halsberge, wozwischen die rothen bezahlten Gesichter gar possenhaft hervorgucken, kurze Stahldegen an den Hüften, unterm Arm ein grüner Regenschirm.

Aber noch unheimlicher und verwirrender als diese Bilder, die sich wie ein chinesisches Schattenspiel schweigend vorbeibewegten, waren die Töne, die von einer anderen Seite in mein Ohr drangen. Es waren heisere, schnarrende, metallose Töne, ein unsinniges Kreischen, ein ängstliches Plätschern und verzweifelndes Schlürfen, ein Keichen und Schollern, ein Stöhnen und Ächzen, ein unbe=

schreibbar eiskalter Schmerzlaut. Das Bassin der
Alster war zugefroren, nur nahe am Ufer war ein
großes breites Viereck in der Eisdecke ausgehauen,
und die entsetzlichen Töne, die ich eben vernommen,
kamen aus den Kehlen der armen weißen Geschöpfe,
die darin herumschwammen und in entsetzlicher
Todesangst schrieen, und ach! es waren dieselben
Schwäne, die einst so weich und heiter meine
Seele bewegten. Ach! die schönen weißen Schwäne,
man hatte ihnen die Flügel gebrochen, damit sie
im Herbst nicht auswandern konnten nach dem
warmen Süden, und jetzt hielt der Norden sie
festgebannt in seinen dunkeln Eisgruben — und
der Marteur des Pavillons meinte, sie befänden
sich wohl darin, und die Kälte sei ihnen gesund.
Das ist aber nicht wahr, es ist Einem nicht wohl,
wenn man ohnmächtig in einem kalten Pfuhl ein=
gekerkert ist, fast eingefroren, und Einem die Flü=
gel gebrochen sind, und man nicht fortfliegen kann
nach dem schönen Süden, wo die schönen Blumen,
wo die goldnen Sonnenlichter, wo die blauen Berg=
seen — Ach! auch mir erging es einst nicht viel
besser, und ich verstand die Qual dieser armen
Schwäne; und als es gar immer dunkler wurde,
und die Sterne oben hell hervortraten, dieselben
Sterne, die einst in schönen Sommernächten so

liebeheiß mit den Schwänen gebuhlt, jetzt aber so
winterkalt, so frostig klar und fast verhöhnend auf
sie herabblickten — wohl begriff ich jetzt, daß die
Sterne keine liebende, mitfühlende Wesen sind,
sondern nur glänzende Täuschungen der Nacht,
ewige Trugbilder in einem erträumten Himmel,
goldne Lügen im dunkelblauen Nichts — —

Kapitel V.

Während ich das vorige Kapitel hinschrieb, dacht' ich unwillkürlich an ganz etwas Anderes. Ein altes Lied summte mir beständig im Gedächtnis, und Bilder und Gedanken verwirrten sich aufs unleidlichste; ich mag wollen oder nicht, ich muß von jenem Liede sprechen. Vielleicht auch gehört es hieher und es drängt sich mit Recht in mein Geschreibsel hinein. Ja, ich fange jetzt sogar an es zu verstehen, und ich verstehe jetzt auch den verdüsterten Ton, womit der Klas Hinrichson es sang; er war ein Jütländer und diente bei uns als Pferdeknecht. Er sang es noch den Abend vorher, ehe er sich in unserem Stall erhenkte. Bei dem Refrain: „Schau dich um, Herr Bonved!" lachte er manchmal gar bitterlich; die Pferde wieherten dabei sehr angstvoll, und der Hofhund bellte, als stürbe Jemand. Es ist das altdänische Lied von dem Herrn Vonved, der in der Welt ausreitet und sich so lange darin herumschlägt, bis man seine Fragen beantwortet, und der endlich, wenn alle seine Räthsel gelöst sind, gar verdrießlich nach Hause reitet. Die Harfe klingt von Anfang bis zu Ende. Was sang er im Anfang? was sang er am Ende? Ich hab' oft darüber nachgedacht. Klas Hinrichson's Stimme war manchmal thränenweich, wenn er das Lied anfing, und wurde allmählig rauh und grollend wie das Meer, wenn ein Sturm heranzieht. Es beginnt:

> Herr Vonved sitzt im Kämmerlein,
> Er schlägt die Goldharf' an so rein,
> Er schlägt die Goldharf' unterm Kleid,
> Da kommt seine Mutter gegangen herein.
> Schau dich um, Herr Vonved!

Das war seine Mutter Adelin, die Königin, die spricht zu ihm: Mein junger Sohn, laß Andere die Harfe spielen, gürt um das Schwert, besteige dein Roß, reit aus, versuche deinen Muth, kämpfe und ringe, schau dich um in der Welt, schau dich um, Herr Vonved! Und

Herr Bonved bindet sein Schwert an die Seite,
Ihn lüstet mit Kämpfern zu streiten.
So wunderlich ist seine Fahrt:
Gar keinen Mann er drauf gewahrt.
    Schau dich um, Herr Bonved!

Sein Helm war blinkend,
Sein Sporn war klingend,
Sein Roß war springend,
Selbst der Herr war so schwingend.
    Schau dich um, Herr Bonved!

Ritt einen Tag, ritt drei darnach,
Doch nimmer eine Stadt er sah;
Eia, sagte der junge Mann,
Ist keine Stadt in diesem Land?
    Schau dich um, Herr Bonved!

Er ritt wohl auf dem Weg dahin,
Herr Thule Vang begegnet' ihm,
Herr Thule mit seinen Söhnen zumal,
Die waren gute Ritter all'.
    Schau dich um, Herr Bonved!

Mein jüngster Sohn, hör' du mein Wort:
Den Harnisch tausch mit mir sofort,
Unter uns tauschen wir das Panzerkleid,
Eh' wir schlagen diesen Helden frei.
  Schau dich um, Herr Bonved!

Herr Bonved reißt sein Schwert von der Seite,
Es lüstet ihn mit Kämpfern zu streiten;
Erst schlägt er den Herren Thule selbst,
Darnach all' seine Söhne zwölf.
  Schau dich um, Herr Bonved!

Herr Bonved bindet sein Schwert an die Seite, es lüstet ihn weiter auszureiten. Da kommt er zu dem Weidmann und verlangt von ihm die Hälfte seiner Jagdbeute; Der aber will nicht theilen, und muß mit ihm kämpfen, und wird erschlagen. Und

Herr Bonved bindet sein Schwert an die Seite,
Ihn lüstet weiter auszureiten;
Zum großen Berge der Held hinreit't,
Sieht, wie der Hirt das Vieh da treibt.
  Schau dich um, Herr Bonved!

Und hör du, Hirte, sag du mir:
Weß ist das Vieh, das du treibst vor dir?
Und was ist runder als ein Rad?
Wo wird getrunken fröhliche Weihnacht?
　　Schau dich um, Herr Bonved!

Sag: wo steht der Fisch in der Fluth?
Und wo ist der rothe Vogel gut?
Wo mischet man den besten Wein?
Wo trinkt Vidrich mit den Kämpfern sein?
　　Schau dich um, Herr Bonved!

Da saß der Hirt, so still sein Mund,
Davon er gar Nichts sagen kunnt'.
Er schlug nach ihm mit der Zunge,
Da fiel heraus Leber und Lunge.
　　Schau dich um, Herr Bonved!

Und er kommt zu einer anderen Herde, und da sitzt wieder ein Hirt, an den er seine Fragen richtet. Dieser aber giebt ihm Bescheid, und Herr Bonved nimmt einen Goldring und steckt ihn dem Hirten an den Arm. Dann reitet er weiter und kommt zu Tyge Nold, und erschlägt ihn mitsammt seinen zwölf Söhnen. Und wieder

Er warf herum sein Pferd,
Herr Bonved der junge Edelherr;
Er thät über Berg' und Thale dringen,
Doch konnt' er Niemand zur Rede bringen.
    Schau dich um, Herr Bonved!

So kam er zu der dritten Schar.
Da saß ein Hirt mit silbernem Haar
Hör du, guter Hirte mit deiner Herd',
Du giebst mir gewißlich Antwort werth.
    Schau dich um, Herr Bonved!

Was ist runder als ein Rad?
Wo wird getrunken die beste Weihnacht?
Wo geht die Sonne zu ihrem Sitz?
Und wo ruhn eines todten Mannes Füß'?
    Schau dich um, Herr Bonved!

Was füllet aus alle Thale?
Was kleidet am besten im Königssaale?
Was ruft lauter als der Kranich kann?
Und was ist weißer als ein Schwan?
    Schau dich um, Herr Bonved!

Wer trägt den Bart auf seinem Rück'?
Wer trägt die Nas' unter seinem Kinn?
Als ein Riegel was ist schwärzer noch mehr?
Und was ist rascher als ein Reh?
  Schau dich um, Herr Bonved!

Wo ist die allerbreiteste Brück'?
Was ist am meisten zuwider des Menschen Blick?
Wo wird gefunden der höchste Gang?
Wo wird getrunken der kälteste Trank?
  Schau dich um, Herr Bonved!

„Die Sonn' ist runder als ein Rad,
Im Himmel begeht man die fröhliche Weihnacht,
Gen Westen geht die Sonne zu ihrem Sitz,
Gen Osten ruhn eines todten Mannes Füß'."
  Schau dich um, Herr Bonved!

„Der Schnee füllt aus alle Thale,
Am herrlichsten kleidet der Muth im Saale,
Der Donner ruft lauter als der Kranich kann,
Und Engel sind weißer als der Schwan."
  Schau dich um, Herr Bonved!

„Der Kiebitz trägt den Bart in dem Nacken sein,
Der Bär hat die Nas' unterm Kinn allein,
Die Sünde schwärzer ist als ein Riegel noch mehr,
Und der Gedanke rascher als ein Reh."
  Schau dich um, Herr Bonved!

„Das Eis macht die allerbreiteste Brück',
Die Kröt' ist am meisten zuwider des Menschen Blick,
Zum Paradies geht der höchste Gang,
Da unten da trinkt man den kältesten Trank."
  Schau dich um, Herr Bonved!

„Weisen Spruch und Rath hast du nun hier,
So wie ich ihn habe gegeben dir."
Nun hab' ich so gutes Vertrauen auf dich,
Viel' Kämpfer zu finden bescheidest du mich.
  Schau dich um, Herr Bonved!

„Ich weis' dich zu der Sonderburg,
Da trinken die Helden den Meth ohne Sorg',
Dort findest du viel' Kämpfer und Rittersleut',
Die können viel gut sich wehren im Streit."
  Schau dich um, Herr Bonved!

Er zog einen Goldring von der Hand,
Der wog wohl fünfzehn goldne Pfund;
Den thät er dem alten Hirten reichen,
Weil er ihm durft' die Helden anzeigen.
 Schau dich um, Herr Bonved!

Und er reitet ein in die Burg, und er erschlägt zuerst den Randulf, hernach den Strandulf,

Er schlug den starken Ege Under,
Er schlug den Ege Karl, seinen Bruder,
So schlug er in die Kreuz und Quer,
Er schlug die Feinde vor sich her.
 Schau dich um, Herr Bonved!

Herr Bonved steckt sein Schwert in die Scheide,
Er denkt noch weiter fort zu reiten.
Er findet da in der wilden Mark
Einen Kämpfer, und Der war viel stark.
 Schau dich um, Herr Bonved!

Sag mir, du edler Ritter gut:
Wo steht der Fisch in der Fluth?
Wo wird geschenkt der beste Wein?
Und wo trinkt Vidrich mit den Kämpfern sein?
  Schau dich um, Herr Vonved!

„In Osten steht der Fisch in der Fluth,
Im Norden wird getrunken der Wein so gut,
In Halland findst du Vidrich daheim
Mit Kämpfern und vielen Gesellen sein."
  Schau dich um, Herr Vonved!

Von der Brust Vonved einen Goldring nahm,
Den steckt er dem Kämpfer an seinen Arm:
Sag, du wärst der letzte Mann,
Der Gold vom Herrn Vonved gewann.
  Schau dich um, Herr Vonved!

Herr Vonved vor die hohe Zinne thät reiten,
Bat die Wächter, ihn hineinzuleiten;
Als aber Keiner heraus zu ihm ging,
Da sprang er über die Mauer dahin.
  Schau dich um, Herr Vonved!

Sein Roß an einen Strick er band,
Darauf er sich zur Burgstube gewandt;
Er setzte sich oben an die Tafel sofort,
Dazu sprach er kein einziges Wort.
    Schau dich um, Herr Bonved!

Er aß, er trank, nahm Speise sich,
Den König fragt' er darum nicht; —
Gar nimmer bin ich ausgefahren,
Wo so viel' verfluchte Zungen waren.
    Schau dich um, Herr Bonved!

Der König sprach zu den Kämpfern sein:
„Der tolle Geselle muß gebunden sein;
Bindet ihr den fremden Gast nicht fest,
So dienet ihr mir nicht aufs best'."
    Schau dich um, Herr Bonved!

Nimm du fünf, nimm du zwanzig auch dazu,
Und komm zum Spiel du selbst herzu!
Einen Hurensohn, so nenn' ich dich,
Außer du bindest mich.
    Schau dich um, Herr Bonved!

König Esmer, mein lieber Vater,
Und stolz Adelin, meine Mutter,
Haben mir gegeben das strenge Verbot,
Mit 'nem Schalk nicht zu verzehren mein Gold.
 Schau dich um, Herr Bonved!

„War Esmer, der König, dein Vater
Und Frau Adelin deine liebe Mutter,
So bist du Herr Bonved, ein Kämpfer schön,
Dazu meiner liebsten Schwester Sohn."
 Schau dich um, Herr Bonved!

„Herr Bonved, willst du bleiben bei mir,
Beides Ruhm und Ehre soll werden dir,
Und willst du zu Land ausfahren,
Meine Ritter sollen dich bewahren."
 Schau dich um, Herr Bonved!

„Mein Gold soll werden für dich gespart,
Wenn du willst halten deine Heimfahrt."
Doch Das zu thun lüstet ihn nicht,
Er wollt' fahren zu seiner Mutter zurück.
 Schau dich um, Herr Bonved!

Herr Bonved ritt auf dem Weg dahin,
Er war so gram in seinem Sinn;
Und als er zur Burg geritten kam,
Da standen zwölf Zauberweiber daran.
 Schau dich um, Herr Bonved!

Standen mit Rocken und Spindeln vor ihm,
Schlugen ihn übers weiße Schienbein hin;
Herr Bonved mit seinem Roß herumbringt,
Die zwölf Zauberweiber schlägt er in einen Ring.
 Schau dich um, Herr Bonved!

Schlägt die Zauberweiber, die stehen da,
Sie finden bei ihm so kleinen Rath.
Seine Mutter genießt dasselbe Glück,
Er haut sie in fünftausend Stück'.
 Schau dich um, Herr Bonved!

So geht er in den Saal hinein,
Er ißt, und trinkt den klaren Wein,
Dann schlägt er die Goldharf' so lang',
Daß springen entzwei alle die Strang'.
 Schau dich um, Herr Bonved!

Kapitel VI.

Es war aber ein gar lieblicher Frühlingstag, als ich zum erstenmal die Stadt Hamburg verlassen. Noch sehe ich, wie im Hafen die goldnen Sonnenlichter auf die betheerten Schiffsbäuche spielen, und ich höre noch das heitre, langhingesungene Hoiho! der Matrosen. So ein Hafen im Frühling hat überdies die freundlichste Ähnlichkeit mit dem Gemüth eines Jünglings, der zum erstenmal in die Welt geht, sich zum erstenmal auf die hohe See des Lebens hinauswagt — noch sind alle seine Gedanken buntbewimpelt, Übermuth schwellt alle Segel seiner Wünsche, hoiho! — aber bald erheben sich die Stürme, der Horizont verdüstert sich, die Windsbraut heult, die Planken krachen, die Wellen zerbrechen das Steuer, und das arme Schiff zerschellt an romantischen Klippen oder strandet auf seicht prosaischem Sand — oder vielleicht morsch und gebrochen, mit gekapptem Mast, ohne ein einziges Anker der Hoffnung, gelangt es wieder heim in den alten Hafen, und vermodert dort, abgetakelt kläglich, als elendes Wrack!

Aber es giebt auch Menschen, die nicht mit gewöhnlichen Schiffen verglichen werden dürfen, sondern mit Dampfschiffen. Diese tragen ein dunkles Feuer in der Brust, und sie fahren gegen Wind und Wetter — ihre Rauchflagge flattert wie der schwarze Federbusch des nächtlichen Reiters, ihre Zackenräder sind wie kolossale Pfundsporen, womit sie das Meer in die Wellenrippen stacheln, und das widerspenstig schäumende Element muß ihrem Willen gehorchen wie ein Roß — aber sehr oft platzt der Kessel, und der innere Brand verzehrt uns.

Doch ich will mich aus der Metapher wieder herausziehn und auf ein wirkliches Schiff setzen, welches von Hamburg nach Amsterdam fährt. Es war ein schwedisches Fahrzeug, hatte außer dem Helden dieser Blätter auch Eisenbarren geladen, und sollte wahrscheinlich als Rückfracht eine Ladung Stockfische nach Hamburg oder Eulen nach Athen bringen.

Die Ufergegenden der Elbe sind wunderlieblich, besonders hinter Altona, bei Rainville. Unfern liegt Klopstock begraben. Ich kenne keine Gegend, wo ein todter Dichter so gut begraben liegen kann wie dort. Als lebendiger Dichter dort zu leben, ist schon weit schwerer. Wie oft hab' ich dein Grab besucht, Sänger des Messias, der du so rührend wahr die Leiden Jesu besungen! Du hast aber auch lang' genug auf der Königstraße hinter dem Jungfernstieg gewohnt, um zu wissen, wie Propheten gekreuzigt werden.

Den zweiten Tag gelangten wir nach Cuxhaven, welches eine hamburgische Kolonie. Die Einwohner sind Unterthanen der Republik und haben es sehr gut. Wenn sie im Winter frieren, werden ihnen aus Hamburg wollene Decken geschickt, und in allzuheißen Sommertagen schickt man ihnen auch Limonade. Als Prokonsul residiert dort ein hoch- oder wohlweiser Senator. Er hat jährlich ein Einkommen von 20,000 Mark und regiert über 5000 Seelen. Es ist dort auch ein Seebad, welches vor anderen Seebädern den Vortheil bietet, daß es zu gleicher Zeit ein Elbbad ist. Ein großer Damm, worauf man spazieren gehen kann, führt nach Ritzebüttel, welches ebenfalls zu Cuxhaven gehört. Das Wort kommt aus dem Phönicischen; die Worte „Ritze" und „Büttel" heißen auf Phönicisch: „Mündung der Elbe." Manche Historiker behaupten, Karl der Große habe Hamburg nur erweitert, die Phönicier aber hätten Hamburg und Altona gegründet, und zwar zu derselben Zeit, als Sodom und Gomorrha zu Grunde gingen. Vielleicht haben sich Flüchtlinge aus diesen Städten nach der Mündung der Elbe gerettet. Man hat zwischen der Fuhlentwiete und der Kaffemacherei einige alte Münzen ausgegraben, die noch unter der Regierung von Bera XVI. und Byrsa X. geschlagen worden. Nach meiner Meinung ist Hamburg das alte Tharsis, woher Salomo ganze Schiffsladungen voll Gold, Silber, Elfenbein, Pfauen und Affen erhalten hat. Salomo, nämlich der König von Juda und Israel, hatte immer eine besondere Liebhaberei für Gold und Affen.

Unvergeßlich bleibt mir diese erste Seereise. Meine alte Großmuhme hatte mir so viele Wassermärchen erzählt, die jetzt alle wieder in meinem Gedächtnis aufblühten. Ich konnte ganze Stunden lang auf dem Verdecke sitzen und an die alten Geschichten denken, und wenn die Wellen murmelten, glaubte ich die Großmuhme sprechen zu hören. Wenn ich die Augen schloß, dann sah ich sie wieder leibhaftig vor mir sitzen, mit dem einzigen Zahn in dem Munde, und hastig bewegte sie wieder die Lippen, und erzählte die Geschichte vom fliegenden Holländer.

Ich hätte gern die Meernixen gesehen, die auf weißen Klippen sitzen und ihr grünes Haar kämmen; aber ich konnte sie nur singen hören.

Wie angestrengt ich auch manchmal in die klare See hinabschaute, so konnte ich doch nicht die versunkenen Städte sehen, worin die Menschen, in allerlei Fischgestalten verwünscht, ein tiefes, wundertiefes Wasserleben führen. Es heißt, die Lachse und alte Rochen sitzen dort, wie Damen geputzt, am Fenster und fächern sich und gucken hinab auf die Straße, wo Schellfische in Rathsherrentracht vorbeischwimmen, wo junge Modeheringe nach ihnen hinauflorgnieren, und wo Krabben, Hummer und sonstig niedriges Krebsvolk umherwimmelt. Ich habe aber nicht so tief hinabsehen können, und nur die Glocken hörte ich unten läuten.

In der Nacht sah ich mal ein großes Schiff mit ausgespannten blutrothen Segeln vorbeifahren, daß es aussah wie ein dunkler Riese in einem weiten Scharlachmantel. War Das der fliegende Holländer?

In Amsterdam aber, wo ich bald darauf anlangte, sah ich ihn leibhaftig selbst, den grauenhaften Mynheer, und zwar auf der Bühne. Bei dieser Gelegenheit, im Theater zu Amsterdam, lernte ich auch eine von jenen Nixen kennen, die ich auf dem Meere selbst vergeblich gesucht. Ich will ihr, weil sie gar zu lieblich war, ein besonderes Kapitel weihen.

Kapitel VII.

Die Fabel von dem fliegenden Holländer ist euch gewiß bekannt. Es ist die Geschichte von dem verwünschten Schiffe, das nie in den Hafen gelangen kann, und jetzt schon seit undenklicher Zeit auf dem Meere herumfährt. Begegnet es einem anderen Fahrzeuge, so kommen Einige von der unheimlichen Mannschaft in einem Boote herangefahren, und bitten, ein Packet Briefe gefälligst mitzunehmen. Diese Briefe muß man an den Mastbaum festnageln, sonst widerfährt dem Schiffe ein Unglück, besonders wenn keine Bibel an Bord oder kein Hufeisen am Fockmaste befindlich ist. Die Briefe sind immer an Menschen adressiert, die man gar nicht kennt, oder die längst verstorben, so daß zuweilen der späte Enkel einen Liebesbrief in Empfang nimmt, der an seine Urgroßmutter gerichtet ist, die schon seit hundert Jahr' im Grabe liegt. Jenes hölzerne Gespenst, jenes grauenhafte Schiff, führt seinen Namen von seinem Kapitän, einem Holländer, der einst bei allen Teufeln geschworen, daß er irgend ein Vorgebirge, dessen Namen mir entfallen, trotz des heftigsten Sturms, der eben wehte, umschiffen wolle, und sollte er auch bis zum jüngsten Tage segeln müssen. Der Teufel hat ihn beim Wort gefaßt, er muß bis zum jüngsten Tage auf dem Meere herumirren, es sei denn, daß er durch die Treue eines Weibes erlöst werde. Der Teufel, dumm wie er ist, glaubt nicht an Weibertreue, und erlaubte daher dem verwünschten Kapitän, alle sieben Jahr' einmal ans Land zu steigen und zu heirathen, und bei dieser Gelegenheit seine Erlösung zu betreiben. Armer Holländer! Er ist oft froh genug, von der Ehe selbst wieder erlöst und seine Erlöserin los zu werden, und er begiebt sich dann wieder an Bord.

Auf diese Fabel gründete sich das Stück, das ich im Theater zu Amsterdam gesehen. Es sind wieder sieben Jahr' verflossen, der arme Holländer ist des endlosen Umherirrens müder als jemals, steigt ans Land, schließt Freundschaft mit einem schottischen Kaufmann, dem er begegnet, verkauft ihm Diamanten zu spottwohlfeilem Preise, und

wie er hört, daß sein Kunde eine schöne Tochter
besitzt, verlangt er sie zur Gemahlin. Auch dieser
Handel wird abgeschlossen. Nun sehen wir das
Haus des Schotten; das Mädchen erwartet den
Bräutigam, zagen Herzens. Sie schaut oft mit
Wehmuth nach einem großen verwitterten Gemälde, welches in der Stube hängt und einen
schönen Mann in spanisch niederländischer Tracht
darstellt; es ist ein altes Erbstück, und nach der
Aussage der Großmutter ist es ein getreues Konterfei des fliegenden Holländers, wie man ihn vor
hundert Jahr' in Schottland gesehen, zur Zeit
König Wilhelm's von Oranien. Auch ist mit
diesem Gemälde eine überlieferte Warnung ver-
knüpft, daß die Frauen der Familie sich vor dem
Originale hüten sollten. Eben deßhalb hat das
Mädchen von Kind auf sich die Züge des gefähr-
lichen Mannes ins Herz geprägt. Wenn nun
der wirkliche fliegende Holländer leibhaftig herein-
tritt, erschrickt das Mädchen; aber nicht aus Furcht.
Auch Jener ist betroffen bei dem Anblick des Por-
traits. Als man ihm bedeutet, wen es vorstelle,
weiß er jedoch jeden Argwohn von sich fern zu
halten; er lacht über den Aberglauben, er spöttelt
selber über den fliegenden Holländer, den ewigen
Juden des Oceans; jedoch unwillkürlich in einen

wehmüthigen Ton übergehend, schildert er, wie Mynheer auf der unermeßlichen Wasserwüste die unerhörtesten Leiden erdulden müsse, wie sein Leib Nichts anders sei als ein Sarg von Fleisch, worin seine Seele sich langweilt, wie das Leben ihn von sich stößt und auch der Tod ihn abweist; gleich einer leeren Tonne, die sich die Wellen einander zuwerfen und sich spottend einander zurückwerfen, so werde der arme Holländer zwischen Tod und Leben hin und her geschleudert, keins von beiden wolle ihn behalten; sein Schmerz sei tief wie das Meer, worauf er herumschwimmt, sein Schiff sei ohne Anker und sein Herz ohne Hoffnung.

Ich glaube, dieses waren ungefähr die Worte, womit der Bräutigam schließt. Die Braut betrachtet ihn ernsthaft, und wirft manchmal Seitenblicke nach seinem Konterfei. Es ist, als ob sie sein Geheimnis errathen habe, und wenn er nachher fragt: Katharina, willst du mir treu sein? antwortet sie entschlossen: Treu bis in den Tod.

Bei dieser Stelle, erinnere ich mich, hörte ich lachen, und dieses Lachen kam nicht von unten aus der Hölle, sondern von oben, vom Paradiese. Als ich hinaufschaute, erblickte ich eine wunderschöne Eva, die mich mit ihren großen blauen Augen verführerisch ansah. Ihr Arm hing über der Galerie herab, und in der Hand hielt sie einen Apfel, oder vielmehr eine Apfelsine. Statt mir aber symbolisch die Hälfte anzubieten, warf sie mir bloß metaphorisch die Schalen auf den Kopf. War es Absicht oder Zufall? Das wollte ich wissen. Ich war aber, als ich ins Paradies hinaufstieg, um die Bekanntschaft fortzusetzen, nicht wenig befremdet, ein weißes sanftes Mädchen zu finden, eine überaus weiblich weiche Gestalt, nicht schmächtig, aber doch krystallig zart, ein Bild häuslicher Zucht und beglückender Holdseligkeit. Nur um die linke Oberlippe zog sich Etwas, oder vielmehr ringelte sich Etwas wie das Schwänzchen einer fortschlüpfenden Eidechse. Es war ein geheimnisvoller Zug, wie man ihn just nicht bei den reinen Engeln, aber auch nicht bei häßlichen Teufeln zu finden pflegt. Dieser Zug bedeutete weder das Gute noch das Böse, sondern bloß ein schlimmes Wissen; es ist ein Lächeln, welches vergiftet worden von jenem Apfel der Erkenntnis, den der Mund genossen. Wenn ich diesen Zug auf weichen, vollrosigen Mädchenlippen sehe, dann fühl' ich in den eignen Lippen ein krampfhaftes Zucken, ein zuckendes Verlangen jene Lippen zu küssen; es ist Wahlverwandtschaft.

Ich flüsterte daher dem schönen Mädchen ins Ohr: Juffrow! ich will deinen Mund küssen.

Bei Gott, Mynheer, Das ist ein guter Gedanke! war die Antwort, die hastig und mit entzückendem Wohllaut aus dem Herzen hervorklang.

Aber nein — die ganze Geschichte, die ich hier zu erzählen dachte, und wozu der fliegende Holländer nur als Rahmen dienen sollte, will ich jetzt unterdrücken. Ich räche mich dadurch an den Prüden, die dergleichen Geschichten mit Wonne einschlürfen, und bis an den Nabel, ja noch tiefer, davon entzückt sind, und nachher den Erzähler schelten, und in Gesellschaft über ihn die Nase rümpfen, und ihn als unmoralisch verschreien. Es ist eine gute Geschichte, köstlich wie eingemachte Ananas, oder wie frischer Kaviar, oder wie Trüffel in Burgunder, und wäre eine angenehme Lektüre nach der Betstunde; aber aus Rankline, zur Strafe für frühere Unbill, will ich sie unterdrücken. Ich mache daher hier einen langen Gedankenstrich ———

Dieser Strich bedeutet ein schwarzes Sofa, und darauf passierte die Geschichte, die ich nicht erzähle. Der Unschuldige muß mit dem Schuldigen leiden, und manche gute Seele schaut mich jetzt an mit einem bittenden Blick. Je nun, diesen Besseren will ich im Vertrauen gestehen, daß ich noch nie so wild geküßt worden, wie von jener holländischen Blondine, und daß Diese das Vorurtheil, welches ich bisher gegen blonde Haare und blaue Augen hegte, aufs siegreichste zerstört hat. Jetzt erst begriff ich, warum ein englischer Dichter solche Damen mit gefrorenem Champagner verglichen hat. In der eisigen Hülle lauert der heißeste Extrakt. Es giebt nichts Pikanteres als der Kontrast jener äußeren Kälte und der inneren Gluth, die bacchantisch emporlodert und den glücklichen Zecher unwiderstehlich berauscht. Ja, weit mehr als in Brünetten zehrt der Sinnenbrand in manchen scheinstillen Heiligenbildern mit goldenem Glorienhaar und blauen Himmelsaugen und frommen Liljenhänden. Ich weiß eine Blondine aus einem der besten niederländischen Häuser, die zuweilen ihr schönes Schloß am Zuyderſee verließ, und inkognito nach Amsterdam und dort ins Theater ging, Jedem, der ihr gefiel, Apfelsinenschalen auf den Kopf warf, zuweilen gar in Matrosenherbergen die wüsten Nächte zubrachte', eine holländische Messaline.

— — Als ich ins Theater noch einmal zurückkehrte, kam ich eben zur letzten Scene des Stücks, wo auf einer hohen Meerklippe das Weib des fliegenden Holländers, die Frau fliegende Holländerin, verzweiflungsvoll die Hände ringt, während auf dem Meere, auf dem Verdeck seines unheimlichen Schiffes, ihr unglücklicher Gemahl zu schauen ist. Er liebt sie und will sie verlassen, um sie nicht ins Verderben zu ziehen, und er gesteht ihr sein grauenhaftes Schicksal und den schrecklichen Fluch, der auf ihm lastet. Sie aber ruft mit lauter Stimme: Ich war dir treu bis zu dieser Stunde, und ich weiß ein sicheres Mittel, wodurch ich dir meine Treue erhalte bis in den Tod!

Bei diesen Worten stürzt sich das treue Weib ins Meer, und nun ist auch die Verwünschung des fliegenden Holländers zu Ende, er ist erlöst, und wir sehen, wie das gespenstische Schiff in den Abgrund des Meeres versinkt.

Die Moral des Stückes ist für die Frauen, daß sie sich in Acht nehmen müssen, keinen fliegenden Holländer zu heirathen; und wir Männer ersehen aus diesem Stücke, wie wir durch die Weiber im günstigsten Falle zu Grunde gehn.

Kapitel VIII.

Aber nicht bloß in Amsterdam haben die Götter sich gütigst bemüht, mein Vorurtheil gegen Blondinen zu zerstören. Auch im übrigen Holland hatte ich das Glück, meine früheren Irrthümer zu berichtigen. Ich will bei Leibe die Holländerinnen nicht auf Kosten der Damen anderer Länder hervorstreichen. Bewahre mich der Himmel vor solchem Unrecht, welches von meiner Seite zugleich der größte Undank wäre. Jedes Land hat seine besondere Küche und seine besondere Weiblichkeiten, und hier ist Alles Geschmacksache. Der Eine liebt gebratene Hühner, der Andere gebratene Enten; was mich betrifft, ich liebe gebratene Hühner und gebratene Enten und noch außerdem gebratene Gänse. Von hohem idealischen Standpunkte betrachtet, haben die Weiber überall eine gewisse Ähnlichkeit mit der Küche des Landes. Sind die brittischen Schönen nicht eben so gesund, nahrhaft, solide, konsistent, kunstlos und doch so vortrefflich wie Altenglands einfach gute Kost: Rostbeef, Hammelbraten, Pudding in flammendem Kognac, Gemüse in Wasser gekocht, nebst zwei Saucen, wovon die eine aus zerlassener Butter besteht? Da lächelt kein Frikassée, da täuscht kein flatterndes Vol-au-vent, da seufzt kein geistreiches Ragout, da tändeln nicht jene tausendartig gestopften, gesottenen, aufgehüpften, gerösteten, durchzuckerten, pikanten, deklamatorischen und sentimentalen Gerichte, die wir bei einem französischen Restaurant finden, und die mit den schönen Französinnen selbst die größte Ähnlichkeit bieten! Merken wir doch nicht selten, daß bei Diesen ebenfalls der eigentliche Stoff nur als Nebensache betrachtet wird, daß der Braten selber manchmal weniger werth ist als die Sauce, daß hier Geschmack, Grazie und Eleganz die Hauptsache sind. Italiens gelbfette, leidenschaftgewürzte, humoristisch garnierte, aber doch schmachtend idealische Küche trägt ganz den Charakter der italiänischen Schönen. O, wie sehne ich mich manchmal nach den lombardischen Stuffados und Zampettis, nach den Fegatellis, Tagliarinis und Broccolis des holdseligen Toskana! Alles schwimmt in Öl, träge und zärtlich, und trillert Rossini's süße Melodien, und weint vor Zwiebelduft und Sehnsucht! Den Makaroni mußt du aber mit den Fingern essen, und dann heißt er: Beatrice!

Nur gar zu oft denke ich an Italien, und am öftesten des Nachts. Vorgestern träumte mir, ich befände mich in Italien und sei ein bunter Harlekin, und läge recht faulenzerisch unter einer Trauerweide. Die herabhängenden Zweige dieser Trauerweide waren aber lauter Makaroni, die mir lang und lieblich bis ins Maul hineinfielen; zwischen diesem Laubwerk von Makaroni flossen statt Sonnenstrahlen lauter gelbe Butterströme, und endlich fiel von oben herab ein weißer Regen von geriebenem Parmesankäse.

Ach! von geträumtem Makaroni wird man nicht satt — Beatrice!

Von der deutschen Küche kein Wort. Sie hat alle möglichen Tugenden und nur einen einzigen Fehler; ich sage aber nicht, welchen. Da giebt's gefühlvolles, jedoch unentschlossenes Backwerk, verliebte Eierspeisen, tüchtige Dampfnudeln, Gemüthssuppe mit Gerste, Pfannkuchen mit Äpfeln und Speck, tugendhafte Hausklöße, Sauerkohl — wohl Dem, der es verdauen kann!

Was die holländische Küche betrifft, so unterscheidet sie sich von letzterer erstens durch die Reinlichkeit, zweitens durch die eigentliche Leckerkeit. Besonders ist die Zubereitung der Fische unbeschreibbar liebenswürdig. Rührend inniger und doch zugleich tiefsinnlicher Sellerieduft. Selbstbewußte Naivetät und Knoblauch. Tadelhaft jedoch ist es, daß sie Unterhosen von Flanell tragen; nicht die Fische, sondern die schönen Töchter des meerumspülten Hollands.

Aber zu Leyden, als ich ankam, fand ich das Essen fürchterlich schlecht. Die Republik Hamburg hatte mich verwöhnt; ich muß die dortige Küche nachträglich noch einmal loben, und bei dieser Gelegenheit preise ich noch einmal Hamburg's schöne Mädchen und Frauen. O ihr Götter! in den ersten vier Wochen, wie sehnte ich mich zurück nach den Rauchfleischlichkeiten und nach den Mockturteltauben Hammonia's! Ich schmachtete an Herz und Magen. Hätte sich nicht endlich die Frau Wirthin zur rothen Kuh in mich verliebt, ich wäre vor Sehnsucht gestorben.

Heil dir, Wirthin zur rothen Kuh!

Es war eine untersetzte Frau mit einem sehr großen runden Bauche und einem sehr kleinen runden Kopfe. Rothe Wängelein, blaue Äugelein;

Rosen und Veilchen. Stundenlang saßen wir beisammen im Garten, und tranken Thee aus echtchinesischen Porzellantassen. Es war ein schöner Garten, viereckige und dreieckige Beete, symmetrisch bestreut mit Goldsand, Zinnober und kleinen blanken Muscheln. Die Stämme der Bäume hübsch roth und blau angestrichen. Kupferne Käfige voll Kanarienvögel. Die kostbarsten Zwiebelgewächse in buntbemalten, glasierten Töpfen. Der Taxus allerliebst künstlich geschnitten, mancherlei Obelisken, Pyramiden, Vasen, auch Thiergestalten bildend. Da stand ein aus Taxus geschnittener grüner Ochs, welcher mich fast eifersüchtig ansah, wenn ich sie umarmte, die holde Wirthin zur rothen Kuh.

Heil dir, Wirthin zur rothen Kuh!

Wenn Myfrow den Obertheil des Kopfes mit den friesischen Goldplatten umschildet, den Bauch mit ihrem buntgeblümten Damastrock eingepanzert, und die Arme mit der weißen Fülle ihrer Brabanter Spitzen gar kostbar belastet hatte, dann sah sie aus wie eine fabelhafte chinesische Puppe, wie etwa die Göttin des Porzellans. Wenn ich alsdann in Begeisterung gerieth und sie auf beide Backen laut küßte, so blieb sie ganz porzellanig steif stehen und seufzte ganz porzellanig: Mynheer,

Alle Tulpen des Gartens schienen dann mitgerührt und mitbewegt zu sein und schienen mitzuseufzen: Mynheer!

Dieses delikate Verhältnis schaffte mir manchen delikaten Bissen. Denn jede solche Liebesscene influencierte auf den Inhalt der Eßkörbe, welche mir die vortreffliche Wirthin alle Tage ins Haus schickte. Meine Tischgenossen, sechs andere Studenten, die auf meiner Stube mit mir aßen, konnten an der Zubereitnng des Kalbsbratens oder des Ochsenfilets jedesmal schmecken, wie sehr sie mich liebte, die Frau Wirthin zur rothen Kuh. Wenn das Essen einmal schlecht war, mußte ich viele demüthige Spötteleien ertragen, und es hieß dann: Seht, wie der Schnabelewopski miserabel aussieht, wie gelb und runzlicht sein Gesicht, wie katzenjämmerlich seine Augen, als wollte er sie sich aus dem Kopfe herauskotzen, es ist kein Wunder, daß unsere Wirthin seiner überdrüssig wird und uns jetzt schlechtes Essen schickt. Oder man sagte auch: Um Gotteswillen, der Schnabelewopski wird täglich schwächer und matter, und verliert am Ende ganz die Gunst unserer Wirthin, und wir kriegen dann immer schlechtes Essen wie heut — wir müssen ihn tüchtig füttern, damit er wieder ein feuriges Äußere gewinnt. Und dann stopften sie mir just die allerschlechtesten Stücke ins Maul, und nöthigten mich, übergebührlich viel Sellerie zu essen. Gab es aber magere Küche mehrere Tage hinter einander, dann wurde ich mit den ernsthaftesten Bitten bestürmt, für besseres Essen zu sorgen, das Herz unserer Wirthin aufs Neue zu entflammen, meine Zärtlichkeit für sie zu erhöhen, kurz, mich fürs allgemeine Wohl aufzuopfern. In langen Reden wurde mir dann vorgestellt, wie edel, wie herrlich es sei, wenn Jemand für das Heil seiner Mitbürger sich heroisch resigniert, gleich dem Regulus, welcher sich in eine alte vernagelte Tonne stecken ließ, oder auch gleich dem Theseus, welcher sich in die Höhle des Minotaurs freiwillig begeben hat — und dann wurde der Livius citiert und der Plutarch u. s. w. Auch sollte ich bildlich zur Nacheiferung gereizt werden, indem man jene Großthaten auf die Wand zeichnete, und zwar mit grotesken Anspielungen; denn der Minotaur sah aus wie die rothe Kuh auf dem wohlbekannten Wirthshausschilde, und die karthaginiensische vernagelte Tonne sah aus wie meine Wirthin selbst. Überhaupt hatten jene undankbaren Menschen die äußere Gestalt der vortrefflichen Frau zur beständigen Zielscheibe ihres Witzes gewählt. Sie pflegten gewöhnlich ihre Figur aus Äpfeln zusammen zu setzen oder aus Brotkrumen zu kneten. Sie nahmen dann ein kleines Äpfelchen, welches der Kopf sein sollte, setzten dieses auf einen ganz großen Apfel, welcher den Bauch vorstellte, und dieser stand wieder auf zwei Zahnstochern, welche sich für Beine ausgaben. Sie formten auch wohl aus Brotkrumen das Bild unserer Wirthin und kneteten dann ein ganz winziges Püppchen, welches mich selber vorstellen sollte, und dieses setzten sie dann auf die große Figur, und rissen dabei die schlechtesten Vergleiche. Z. B. der Eine bemerkte, die kleine Figur sei Hannibal, welcher über die Alpen steigt. Ein Anderer meinte hingegen, es sei Marius, welcher auf den Ruinen von Karthago sitzt. Dem sei nun, wie ihm wolle, wäre ich nicht manchmal über die Alpen gestiegen, oder hätte ich mich nicht manchmal auf die Ruinen von Karthago gesetzt, so würden meine Tischgenossen beständig schlechtes Essen bekommen haben.

Kapitel IX.

Wenn der Braten ganz schlecht war, disputierten wir über die Existenz Gottes. Der liebe Gott hatte aber immer die Majorität. Nur Drei von der Tischgenossenschaft waren atheistisch gesinnt; aber auch Diese ließen sich überreden, wenn wir wenigstens guten Käse zum Dessert bekamen. Der eifrigste Deist war der kleine Simson, und wenn er mit dem langen Van Pitter über die Existenz Gottes disputierte, wurde er zuweilen höchst ärgerlich, lief im Zimmer auf und ab und schrie beständig: Das ist, bei Gott! nicht erlaubt. Der lange Van Pitter, ein magerer Friese, dessen Seele so ruhig wie das Wasser in einem holländischen Kanal, und dessen Worte sich ruhig hinzogen wie eine Trekschuite, holte seine Argumente aus der deutschen Philosophie, womit man sich damals in

Leyden stark beschäftigte. Er spöttelte über die engen Köpfe, die dem lieben Gott eine Privatexistenz zuschreiben, er beschuldigte sie sogar der Blasphemie, indem sie Gott mit Weisheit, Gerechtigkeit, Liebe und ähnlichen menschlichen Eigenschaften versähen, die sich gar nicht für ihn schickten; denn diese Eigenschaften seien gewissermaßen die Negation von menschlichen Gebrechen, da wir sie nur als Gegensatz zu menschlicher Dummheit, Ungerechtigkeit und Haß aufgefaßt haben. Wenn aber Van Pitter seine eigenen pantheistischen Ansichten entwickelte, so trat der dicke Fichteaner, ein gewisser Dricksen aus Utrecht, gegen ihn auf, und wußte seinen vagen, in der Natur verbreiteten, also immer im Raume existierenden Gott gehörig durchzuhecheln, ja er behauptete, es sei Blasphemie, wenn man auch nur von einer Existenz Gottes spricht, indem „Existieren" ein Begriff sei, der einen gewissen Raum, kurz etwas Substantielles voraussetze. Ja, es sei Blasphemie, von Gott zu sagen: „Er ist;" das reinste Sein könne nicht ohne sinnliche Beschränkung gedacht werden; wenn man Gott denken wolle, müsse man von aller Substanz abstrahieren, man müsse ihn nicht denken als eine Form der Ausdehnung, sondern als eine Ordnung der Begebenheiten; Gott sei kein Sein, sondern ein reines

Handeln, er sei nur Princip einer übersinnlichen Weltordnung.

Bei diesen Worten aber wurde der kleine Simson immer ganz wüthend, und lief noch toller im Zimmer herum, und schrie noch lauter: O Gott! Gott! Das ist, bei Gott! nicht erlaubt, o Gott! Ich glaube, er hätte den dicken Fichteaner geprügelt zur Ehre Gottes, wenn er nicht gar zu dünne Ärmchen hatte. Manchmal stürmte er auch wirklich auf ihn los; dann aber nahm der Dicke die beiden Ärmchen des kleinen Simson, hielt ihn ruhig fest, setzte ihm sein System ganz ruhig auseinander, ohne die Pfeife aus dem Munde zu nehmen, und blies ihm dann seine dünnen Argumente mitsammt dem dicksten Tabaksdampf ins Gesicht, so daß der Kleine fast erstickte vor Rauch und Ärger, und immer leiser und hilfeflehend wimmerte: O Gott! O Gott! Aber Der half ihm nie, obgleich er Dessen eigene Sache verfocht.

Trotz dieser göttlichen Indifferenz, trotz diesem fast menschlichen Undank Gottes, blieb der kleine Simson doch der beständige Champion des Deismus, und ich glaube, aus angeborener Neigung. Denn seine Väter gehörten zu dem auserwählten Volke Gottes, einem Volke, das Gott einst mit seiner besonderen Liebe protegiert, und das daher bis auf diese Stunde eine gewisse Anhänglichkeit für den lieben Gott bewahrt hat. Die Juden sind immer die gehorsamsten Deisten, namentlich Diejenigen, welche, wie der kleine Simson, in der freien Stadt Frankfurt geboren sind. Diese können bei politischen Fragen so republikanisch als möglich denken, ja sich sogar sanskülottisch im Kothe wälzen; kommen aber religiöse Begriffe ins Spiel, dann bleiben sie unterthänige Kammerknechte ihres Jehovah, des alten Fetischs, der doch von ihrer ganzen Sippschaft Nichts mehr wissen will und sich zu einem gott=reinen Geist umtaufen lassen.

Ich glaube, dieser gott=reine Geist, dieser Parvenü des Himmels, der jetzt so moralisch, so kosmopolitisch und universell gebildet ist, hegt ein geheimes Mißwollen gegen die armen Juden, die ihn noch in seiner ersten rohen Gestalt gekannt haben, und ihn täglich in ihren Synagogen an seine ehemaligen obskuren Nationalverhältnisse erinnern. Vielleicht will es der alte Herr gar nicht mehr wissen, daß er palästinischen Ursprungs und einst der Gott Abraham's, Isaak's und Jakob's gewesen und damals Jehovah geheißen hat.

Kapitel X.

Mit dem kleinen Simson hatte ich zu Leyden sehr vielen Umgang, und er wird in diesen Denkblättern noch oft erwähnt werden. Außer ihm sah ich am öftesten einen Anderen meiner Tischgenossen, den jungen Van Moeulen; ich konnte ganze Stunden lang sein schönes Gesicht betrachten und dabei an seine Schwester denken, die ich nie gesehen, und wovon ich nur wußte, daß sie die schönste Frau im Waterland sei. Van Moeulen war ebenfalls ein schönes Menschenbild, ein Apollo, aber kein Apollo von Marmor, sondern viel eher von Käse. Er war der vollendetste Holländer, den ich je gesehen. Ein sonderbares Gemisch von Muth und Phlegma. Als er einst im Kaffehause einen Irländer so sehr erzürnt, daß Dieser eine Pistole auf ihn losdrückte und, statt ihn zu treffen, ihm nur die irdene Pfeife vom Munde wegschoß, da blieb Van Moeulen's Gesicht so bewegungslos wie Käse, und im gleichgültig ruhigsten Tone rief er: Jan, e nüe Piep! Fatal war mir an ihm sein Lächeln; denn alsdann zeigte er eine Reihe ganz kleiner weißer Zähnchen, die eher wie Fischgräte aussahen. Auch missfiel mir, dass er große goldene Ohrringe trug. Er hatte die sonderbare Gewohnheit, alle Tage in seiner Wohnung die Aufstellung der Möbeln zu verändern, und wenn man zu ihm kam, fand man ihn entweder beschäftigt, die Kommode an die Stelle des Bettes, oder den Schreibtisch an die Stelle des Sofas zu setzen.

Der kleine Simson bildete in dieser Beziehung den ängstlichsten Gegensatz. Er konnte nicht leiden, dass man in seinem Zimmer das Mindeste verrückte; er wurde sichtbar unruhig, wenn man dort auch nur das Mindeste, sei es auch nur eine Lichtschere, zur Hand nahm. Alles musste liegen bleiben, wie es lag. Denn seine Möbel und sonstigen Effekten dienten ihm als Hilfsmittel, nach den Vorschriften der Mnemonik allerlei historische Daten oder philosophische Sätze in seinem Gedächtnisse zu fixieren. Als einst die Hausmagd in seiner Abwesenheit einen alten Kasten aus seinem Zimmer fortgeschafft und seine Hemde und Strümpfe aus der Kommode genommen, um sie waschen zu lassen, da war er untröstlich, als er nach Hause kam, und er behauptete, er wisse jetzt gar Nichts mehr von der assyrischen Geschichte, und alle seine Beweise für die Unsterblichkeit der Seele, die er so mühsam in den verschiedenen Schubladen ganz systematisch geordnet, seien jetzt in die Wäsche gegeben.

Zu den Originalen, die ich in Leyden kennen gelernt, gehört auch Mynheer Van der Pissen, ein Vetter Van Moeulen's, der mich bei ihm eingeführt. Er war Professor der Theologie an der Universität, und ich hörte bei ihm das hohe Lied Salomonis und die Offenbarung Johannis. Er war ein schöner, blühender Mann, etwa fünfunddreißig Jahr' alt, und auf dem Katheder sehr ernst und gesetzt. Als ich ihn aber einst besuchen wollte, und in seinem Wohnzimmer Niemanden fand, sah ich durch die halbgeöffnete Thür eines Seitenkabinetts ein gar merkwürdiges Schauspiel. Dieses Kabinett war halb chinesisch, halb pompadourisch verziert: an den Wänden goldig schillernde Damasttapeten; auf dem Boden der kostbarste persische Teppich; überall wunderliche Porzellanpagoden, Spielsachen von Perlmutter, Blumen, Straußfedern und Edelsteine; die Sessel von rothem Sammet mit Goldtrobbeln, und darunter ein besonders

erhöhter Sessel, der wie ein Thron aussah, und
worauf ein kleines Mädchen saß, das etwa drei
Jahr' alt sein mochte, und in blauem silbergestickten
Atlas, jedoch sehr altfränkisch, gekleidet war, und
in der einen Hand, gleich einem Scepter, einen
bunten Pfauenwedel und in der andern einen wel=
ken Lorberkranz emporhielt. Vor ihr aber auf
dem Boden wälzten sich Mynheer Van der Pissen,
sein kleiner Mohr, sein Pudel und sein Affe. Diese
Vier zausten sich und bissen sich unter einander,
während das Kind und der grüne Papagei, welcher
auf der Stange saß, beständig Bravo! riefen. End=
lich erhob sich Mynheer vom Boden, kniete vor
dem Kinde nieder, rühmte in einer ernsthaften la=
teinischen Rede den Muth, womit er seine Feinde
bekämpft und besiegt, ließ sich von der Kleinen den
welken Lorberkranz auf das Haupt setzen, — und
Bravo! Bravo! rief das Kind und der Papagei
und ich, welcher jetzt ins Zimmer trat.

Mynheer schien etwas bestürzt, daß ich ihn
in seinen Wunderlichkeiten überraschte. Diese, wie
man mir später sagte, trieb er alle Tage; alle Tage
besiegte er den Mohr, den Pudel und den Affen; alle
Tage ließ er sich belorberen von dem kleinen Mäd=
chen, welches nicht sein eignes Kind, sondern ein
Findling aus dem Waisenhause von Amsterdam war.

Kapitel XI.

Das Haus, worin ich zu Leyden logierte, bewohnte einst Jan Steen, der große Jan Steen, den ich für eben so groß halte wie Raphael. Auch als religiöser Maler war Jan eben so groß, und Das wird man einst ganz klar einsehen, wenn die Religion des Schmerzes erloschen ist, und die Religion der Freude den trüben Flor von den Rosenbüschen dieser Erde fortreißt, und die Nachtigallen endlich ihre lang' verheimlichten Entzückungen hervorjauchzen dürfen.

Aber keine Nachtigall wird je so heiter und jubelnd singen, wie Jan Steen gemalt hat. Keiner hat so tief wie er begriffen, daß auf dieser Erde ewig Kirmes sein sollte; er begriff, daß unser Leben nur ein farbiger Kuß Gottes sei, und er wußte, daß der heilige Geist sich am herrlichsten offenbart im Licht und Lachen.

Sein Auge lachte ins Licht hinein, und das Licht spiegelte sich in seinem lachenden Auge.

Und Jan blieb immer ein gutes, liebes Kind. Als der alte strenge Prädikant von Leyden sich neben ihm an den Herd setzte, und eine lange Vermahnung hielt über sein fröhliches Leben, seinen lachend unchristlichen Wandel, seine Trunkliebe, seine ungeregelte Wirthschaft und seine verstockte Lustigkeit, da hat Jan ihm zwei Stunden lang ganz ruhig zugehört und er verrieth nicht die mindeste Ungeduld über die lange Strafpredigt, und nur einmal unterbrach er sie mit den Worten: „Ja, Domine, die Beleuchtung wäre dann viel besser, ja ich bitte Euch, Domine, dreht Euren Stuhl ein klein wenig dem Kamine zu, damit die Flamme ihren rothen Schein über Euer ganzes Gesicht wirft und der übrige Körper im Schatten bleibt — —"

Der Domine stand wüthend auf und ging davon. Jan aber griff sogleich nach der Palette, und malte den alten strengen Herrn, ganz wie er ihm in jener Strafpredigtpositur, ohne es zu ahnen, Modell gesessen. Das Bild ist vortrefflich und hing in meinem Schlafzimmer zu Leyden.

Nachdem ich in Holland so viele Bilder von Jan Steen gesehen, ist mir, als kennte ich das ganze Leben des Mannes. Ja, ich kenne seine sämmtliche Sippschaft, seine Frau, seine Kinder, seine Mutter, alle seine Vettern, seine Hausfeinde und sonstige Angehörigen, ja, ich kenne sie von Angesicht zu Angesicht. Grüßen uns doch diese Gesichter aus allen seinen Gemälden hervor, und eine Sammlung derselben wäre eine Biographie des Malers. Er hat oft mit einem einzigen Pinselstrich die tiefsten Geheimnisse seiner Seele darin eingezeichnet. So glaube ich, seine Frau hat ihm allzu oft Vorwürfe gemacht über sein vieles Trinken. Denn auf dem Gemälde, welches das Bohnenfest vorstellt, und wo Jan mit seiner ganzen Familie zu Tische sitzt, da sehen wir seine Frau mit einem gar großen Weinkrug in der Hand, und ihre Augen leuchten wie die einer Bacchantin. Ich bin aber überzeugt, die gute Frau hat nie zuviel Wein genossen, und der Schalk hat uns weiß machen wollen, nicht er, sondern seine Frau liebe den Trunk. Deßhalb lacht er desto vergnügter aus dem Bilde hervor. Er ist glücklich: er sitzt in der Mitte der Seinigen; sein Söhnchen ist Bohnenkönig und steht mit der Krone von Flittergold auf einem Stuhle; seine alte Mutter, in ihren Gesichtsfalten das seligste

Schmunzeln, trägt das jüngste Enkelchen auf dem Arm; die Musikanten spielen ihre närrisch lustigsten Hopsamelodieen; und die sparsam bedächtige, ökonomisch schmollende Hausfrau ist bei der ganzen Nachwelt in den Verdacht hineingemalt, als sei sie besoffen.

Wie oft, in meiner Wohnung zu Leyden, konnte ich mich ganze Stunden lang in die häuslichen Scenen zurückdenken, die der vortreffliche Jan dort erlebt und erlitten haben mußte. Manchmal glaubte ich, ich sähe ihn leibhaftig selber an seiner Staffelei sitzen, dann und wann nach dem großen Henkelkrug greifen, „überlegen und dabei trinken, und dann wieder trinken ohne zu überlegen." Das war kein trübkatholischer Spuk, sondern ein modern heller Geist der Freude, der nach dem Tode noch sein altes Atelier besucht, um lustige Bilder zu malen und zu trinken. Nur solche Gespenster werden unsere Nachkommen zuweilen schauen, am lichten Tage, während die Sonne durch die blanken Fenster schaut, und vom Thurme herab keine schwarz dumpfe Glocken, sondern rothjauchzende Trompetentöne die liebliche Mittagstunde ankündigen.

Die Erinnerung an Jan Steen war aber das Beste, oder vielmehr das einzig Gute an meiner

Wohnung zu Leyden. Ohne diesen gemüthlichen
Reiz hätte ich darin keine acht Tage ausgehalten.
Das Äußere des Hauses war elend und kläglich
und mürrisch, ganz unholländisch. Das dunkle
morsche Haus stand dicht am Wasser, und wenn
man an der anderen Seite des Kanals vorbeiging,
glaubte man eine alte Hexe zu sehen, die sich in
einem glänzenden Zauberspiegel betrachtete. Auf
dem Dache standen immer ein paar Störche, wie
auf allen holländischen Dächern. Neben mir logierte
die Kuh, deren Milch ich des Morgens trank, und
unter meinem Fenster war ein Hühnersteig. Meine
gefiederten Nachbarinnen lieferten gute Eier; aber
da ich immer, ehe sie deren zur Welt brachten,
ein langes Gackern, gleichsam die langweilige Vor=
rede zu den Eiern, anhören musste, so wurde mir
der Genuß derselben ziemlich verleidet. Zu den
Unannehmlichkeiten meiner Wohnung gehörten aber
zwei der fatalsten Missstände: erstens das Violin=
spielen, womit man meine Ohren während des
Tages belästigte, und dann die Störungen des
Nachts, wenn meine Wirthin ihren armen Mann
mit ihrer sonderbaren Eifersucht verfolgte.

Wer das Verhältnis meines Hauswirths zu
meiner Frau Wirthin kennen lernen wollte, brauchte
nur Beide zu hören, wenn sie mit einander Musik

machten. Der Mann spielte das Violoncello, und die Frau spielte das sogenannte Violon d'Amour; aber sie hielt nie Tempo, und war dem Manne immer einen Takt voraus, und wußte ihrem unglücklichen Instrumente die grellfeinsten Keiflaute abzuquälen; wenn das Cello brummte und die Violine greinte, glaubte man ein zankendes Ehepaar zu hören. Auch spielte die Frau noch immer weiter, wenn der Mann längst fertig war, daß es schien, als wollte sie das letzte Wort behalten. Es war ein großes, aber sehr mageres Weib, Nichts als Haut und Knochen, ein Maul, worin einige falsche Zähne klapperten, eine kurze Stirn, fast gar kein Kinn und eine desto längere Nase, deren Spitze wie ein Schnabel sich herabzog, und womit sie zuweilen, wenn sie Violine spielte, den Ton einer Saite zu dämpfen schien.

Mein Hauswirth war etwa fünfzig Jahr' alt und ein Mann von sehr dünnen Beinen, abgezehrt bleichem Antlitz und ganz kleinen grünen Äuglein, womit er beständig blinzelte, wie eine Schildwache, welcher die Sonne ins Gesicht scheint. Er war seines Gewerbes ein Bruchbandmacher und seiner Religion nach ein Wiedertäufer. Er las sehr fleißig in der Bibel. Diese Lektüre schlich sich in seine nächtlichen Träume, und mit blinzelnden

Äuglein erzählte er seiner Frau des Morgens beim Kaffe, wie er wieder hochbegnadigt worden, wie die heiligsten Personen ihn ihres Gespräches gewürdigt, wie er sogar mit der allerhöchst heiligen Majestät Jehovah's verkehrt, und wie alle Frauen des alten Testamentes ihn mit der freundlichsten und zärtlichsten Aufmerksamkeit behandelt. Letzterer Umstand war meiner Hauswirthin gar nicht lieb, und nicht selten bezeugte sie die eifersüchtigste Mißlaune über ihres Mannes nächtlichen Umgang mit den Weibern des alten Testamentes. Wäre es noch, sagte sie, die keusche Mutter Maria, oder die alte Marthe, oder auch meinethalb die Magdalene, die sich ja gebessert hat — aber ein nächtliches Verhältnis mit den Sauftöchtern des alten Loth, mit der sauberen Madam Judith, mit der verlaufenen Königin von Saba und dergleichen zweideutigen Weibsbildern darf nicht geduldet werden. Nichts glich aber ihrer Wuth, als eines Morgens ihr Mann im Übergeschwätze seiner Seligkeit eine begeisterte Schilderung der schönen Esther entwarf, welche ihn gebeten, ihr bei ihrer Toilette behülflich zu sein, indem sie durch die Macht ihrer Reize den König Ahasveros für die gute Sache gewinnen wollte. Vergebens betheuerte der arme Mann, daß Herr Mardachai selber ihn bei seiner schönen Pflegetochter eingeführt, daß diese schon halb bekleidet war, daß er ihr nur die langen schwarzen Haare ausgekämmt — vergebens! die erboste Frau schlug den armen Mann mit seinen eignen Bruchbändern, goß ihm den heißen Kaffe ins Gesicht, und sie hätte ihn gewiß umgebracht, wenn er nicht aufs heiligste versprach, allen Umgang mit den alttestamentalischen Weibern aufzugeben, und künftig nur mit Erzvätern und männlichen Propheten zu verkehren.

Die Folge dieser Mißhandlung war, daß Mynheer von nun an sein nächtliches Glück gar ängstlich verschwieg; er wurde jetzt erst ganz ein heiliger Roué; wie er mir gestand, hatte er den Muth, sogar der nackten Susannah die unsittlichsten Anträge zu machen; ja, er war am Ende frech genug, sich in den Harem des Königs Salomon hineinzuträumen und mit dessen tausend Weibern Thee zu trinken.

Kapitel XII.

Unglückselige Eifersucht! durch diese ward einer meiner schönsten Träume und mittelbar vielleicht das Leben des kleinen Simson unterbrochen!

Was ist Traum? Was ist Tod? Ist dieser nur eine Unterbrechung des Lebens, oder gänzliches Aufhören desselben? Ja, für Leute, die nur Vergangenheit und Zukunft kennen und nicht in jedem Momente der Gegenwart eine Ewigkeit leben können, ja, für Solche muß der Tod schrecklich sein! Wenn ihnen die beiden Krücken, Raum und Zeit, entfallen, dann sinken sie ins ewige Nichts.

Und der Traum? Warum fürchten wir uns vor dem Schlafengehen nicht weit mehr als vor dem Begrabenwerden? Ist es nicht furchtbar, daß der Leib eine ganze Nacht leichentodt sein kann, während der Geist in uns das bewegteste Leben führt, ein Leben mit allen Schrecknissen jener Scheidung, die wir eben zwischen Leben und Geist gestiftet? Wenn einst in der Zukunft beide wieder in unserem Bewußtsein vereinigt sind, dann giebt es vielleicht keine Träume mehr, oder nur kranke Menschen, Menschen, deren Harmonie gestört, werden träumen. Nur leise und wenig träumten die Alten; ein starker, gewaltiger Traum war bei ihnen wie ein Ereignis und wurde in die Geschichtsbücher eingetragen. Das rechte Träumen beginnt erst bei den Juden, dem Volke des Geistes, und erreichte seine höchste Blüthe bei den Christen, dem Geistervolk. Unsere Nachkommen werden schaudern, wenn sie einst lesen, welch ein gespenstiges Dasein wir geführt, wie der Mensch in uns gespalten war und nur die eine Hälfte ein eigentliches Leben geführt. Unsere Zeit — und sie beginnt am Kreuze Christi — wird als eine große Krankheitsperiode der Menschheit betrachtet werden.

Und doch, welche süße Träume haben wir träumen können! Unsere gesunden Nachkommen werden es kaum begreifen. Um uns her verschwanden alle Herrlichkeiten der Welt, und wir fanden sie wieder in unserer inneren Seele — in unsere Seele flüchtete sich der Duft der zertretenen Rosen und der lieblichste Gesang der verscheuchten Nachtigallen —

Ich weiß das Alles, und sterbe an den unheimlichen Ängsten und grauenhaften Süßigkeiten unserer Zeit. Wenn ich des Abends mich auskleide und zu Bette lege, und die Beine lang ausstrecke, und mich bedecke mit dem weißen Laken, dann schaudre ich manchmal unwillkürlich, und mir kommt in den Sinn, ich sei eine Leiche, und ich begrübe mich selbst. Dann schließe ich hastig die Augen, um diesem schauerlichen Gedanken zu entrinnen, um mich zu retten in das Land der Träume.

Es war ein süßer, lieber, sonniger Traum. Der Himmel himmelblau und wolkenlos, das Meer meergrün und still. Unabsehbar weite Wasserfläche, und darauf schwamm ein buntgewimpeltes Schiff, und auf dem Verdeck saß ich kosend zu den Füßen Jadviga's. Schwärmerische Liebeslieder, die ich selber auf rosige Papierstreifen geschrieben, las ich ihr vor, heiter seufzend, und sie horchte mit ungläubig geneigtem Ohr und sehnsüchtigem Lächeln, und riß mir zuweilen hastig die Blätter aus der Hand und warf sie ins Meer. Aber die schönen Nixen, mit ihren schneeweißen Busen und Armen, tauchten jedesmal aus dem Wasser empor und erhaschten die flatternden Lieder der Liebe. Als ich mich über Bord beugte, konnte ich ganz klar bis in die Tiefe des Meeres hinabschauen, und da

saßen, wie in einem gesellschaftlichen Kreise, die
schönen Nixen, und in ihrer Mitte stand ein junger
Nix, der mit gefühlvoll belebtem Angesicht meine
Liebeslieder deklamierte. Ein stürmischer Beifall er=
scholl bei jeder Strophe; die grünlockichten Schönen
applaudierten so leidenschaftlich, daß Brust und
Nacken erröthetet, und sie lobten mit einer freu=
digen, aber doch zugleich mitleidigen Begeisterung:
„Welche sonderbare Wesen sind diese Menschen!
Wie sonderbar ist ihr Leben! wie tragisch ihr gan=
zes Schicksal! Sie lieben sich und dürfen es mei=
stens nicht sagen, und dürfen sie es einmal sagen,
so können sie doch einander selten verstehn! Und
dabei leben sie nicht ewig wie wir, sie sind sterb=
lich, nur eine kurze Spanne Zeit ist ihnen vergönnt
das Glück zu suchen, sie müssen es schnell erhaschen,
hastig ans Herz drücken, ehe es entflieht — deß=
halb sind ihre Liebeslieder auch so zart, so innig,
so süß ängstlich, so verzweiflungsvoll lustig, ein so
seltsames Gemisch von Freude und Schmerz. Der
Gedanke des Todes wirft seinen melancholischen
Schatten über ihre glücklichsten Stunden und tröstet
sie lieblich im Unglück. Sie können weinen. Welche
Poesie in so einer Menschenthräne!"

Hörst du, sagte ich zu Jadviga, wie Die da
unten über uns urtheilen? — Wir wollen uns

umarmen, damit sie uns nicht mehr bemitleiden, damit sie sogar neidisch werden! Sie aber, die Geliebte, sah mich an mit unendlicher Liebe, und ohne ein Wort zu reden. Ich hatte sie stumm geküßt. Sie erblich, und ein kalter Schauer überflog die holde Gestalt. Sie lag endlich starr wie weißer Marmor in meinen Armen, und ich hätte sie für todt gehalten, wenn sich nicht zwei große Thränenströme unaufhaltsam aus ihren Augen ergossen — und diese Thränen überflutheten mich, während ich das holde Bild immer gewaltiger mit meinen Armen umschlang —

Da hörte ich plötzlich die keifende Stimme meiner Hauswirthin, und erwachte aus meinem Traum. Sie stand vor meinem Bette, mit der Blendlaterne in der Hand, und bat mich, schnell aufzustehn und sie zu begleiten. Nie hatte ich sie so häßlich gesehn. Sie war im Hemde, und ihre verwitterten Brüste vergoldete der Mondschein, der eben durchs Fenster fiel; sie sahen aus wie zwei getrocknete Citronen. Ohne zu wissen, was sie begehrte, fast noch schlummertrunken, folgte ich ihr nach dem Schlafgemache ihres Gatten, und da lag der arme Mann, die Nachtmütze über die Augen gezogen, und schien heftig zu träumen. Manchmal zuckte sichtbar sein Leib unter der Bettdecke, seine

Lippen lächelten vor überschwänglichster Wonne, spitzten sich manchmal krampfhaft wie zu einem Kusse, und er röchelte und stammelte: Vasthi! Königin Vasthi! Majestät! Fürchte keinen Ahasveros! Geliebte Vasthi!

Mit zornglühenden Augen beugte sich nun das Weib über den schlafenden Gatten, legte ihr Ohr an sein Haupt, als ob sie seine Gedanken erlauschen könnte, und flüsterte mir zu: Haben Sie sich nun überzeugt, Mynheer Schnabelewopski? Er hat jetzt eine Buhlschaft mit der Königin Vasthi! Der schändliche Ehebrecher! Ich habe dieses unzüchtige Verhältnis schon gestern Nacht entdeckt. Sogar eine Heidin hat er mir vorgezogen! Aber ich bin Weib und Christin, und Sie sollen sehen, wie ich mich räche.

Bei diesen Worten riß sie erst die Bettdecke von dem Leibe des armen Sünders — er lag im Schweiß — alsdann ergriff sie ein hirschledernes Bruchband, und schlug damit gottlästerlich los auf die dünnen Gliedmaßen des armen Sünders. Dieser, also unangenehm geweckt aus seinem biblischen Traum, schrie so laut, als ob die Hauptstadt Susa in Feuer und Holland in Wasser stünde, und brachte mit seinem Geschrei die Nachbarschaft in Aufruhr.

Den andern Tag hieß es in ganz Leyden, mein Hauswirth habe solch großes Geschrei erhoben, weil er mich des Nachts in der Gesellschaft seiner Gattin gesehen. Man hatte Letztere halbnackt am Fenster erblickt; und unsere Hausmagd, die mir gram war, und von der Wirthin zur rothen Kuh über dies Ereignis befragt worden, erzählte, daß sie selber gesehen, wie Myfrow mir in meinem Schlafzimmer einen nächtlichen Besuch abgestattet.

Ich kann nicht ohne gewaltigen Kummer an dieses Ereignis denken. Welche fürchterliche Folgen!

Kapitel XIII.

Wäre die Wirthin zur rothen Kuh eine Italiänerin gewesen, so hätte sie vielleicht mein Essen vergiftet; da sie aber eine Holländerin war, so schickte sie mir sehr schlechtes Essen. Schon des andern Mittags erduldeten wir die Folgen ihres weiblichen Unwillens. Das erste Gericht war: keine Suppe. Das war schrecklich, besonders für einen wohlerzogenen Menschen wie ich, der von Jugend auf alle Tage Suppe gegessen, der sich bis jetzt gar keine Welt denken konnte, wo nicht des Morgens die Sonne aufgeht und des Mittags die Suppe aufgetragen wird. Das zweite Gericht bestand aus Rindfleisch, welches kalt und hart war wie Myron's Kuh. Drittens kam ein Schellfisch, der aus dem Halse roch wie ein Mensch. Viertens kam ein großes Huhn, das, weit entfernt unsern Hunger stillen zu wollen, so mager und abgezehrt aussah als ob es selber Hunger hätte, so daß man fast vor Mitleid Nichts davon essen konnte.

Und nun, kleiner Simson, rief der dicke Drickjen, glaubst du noch an Gott? Ist Das Gerechtigkeit? Die Frau Bandagistin besucht den Schnabelewopski in der dunkeln Nacht, und wir müssen dafür schlecht essen am hellen, lichten Tag!

O Gott! Gott! seufzte der Kleine, gar verdrießlich wegen solcher atheistischer Ausbrüche und vielleicht auch wegen des schlechten Essens. Seine Verdrießlichkeit stieg, als auch der lange Van Pitter seine Witze gegen die Anthropomorphisten losließ und die Ägypter lobte, die einst Ochsen und Zwiebeln verehrten; denn erstere, wenn sie gebraten, und letztere, wenn sie gestovt, schmeckten ganz göttlich.

Des kleinen Simson's Gemüth wurde aber durch solche Spöttereien immer bitterer gestimmt, und er schloß endlich folgendermaßen seine Apologie des Deismus: Was die Sonne für die Blumen ist, Das ist Gott für die Menschen. Wenn die Strahlen jenes himmlischen Gestirns die Blumen berühren, dann wachsen sie heiter empor und öffnen ihre Kelche und entfalten ihren buntesten Farbenschmuck. Des Nachts, wenn ihre Sonne entfernt ist, stehen sie traurig mit geschlossenen Kelchen, und

schlafen, oder träumen von den goldenen Strahlen=
küssen der Vergangenheit. Diejenigen Blumen, die
immer im Schatten stehen, verlieren Farbe und
Wuchs, verkrüppeln und erbleichen, und welken
mißmüthig, glücklos. Die Blumen aber, die ganz
im Dunkeln wachsen, in alten Burgkellern, unter
Klosterruinen, die werden häßlich und giftig, sie
ringeln am Boden wie Schlangen, schon ihr Duft
ist unheilbringend, boshaft betäubend, tödlich —

O, du brauchst deine biblische Parabel nicht
weiter auszuspinnen, schrie der dicke Dricksen, indem
er sich ein großes Glas Schiedammer Genever in
den Schlund goß; du, kleiner Simson, bist eine
fromme Blume, die im Sonnenschein Gottes die
heiligen Strahlen der Tugend und Liebe so trunken
einsaugt, daß deine Seele wie ein Regenbogen
blüht, während die unsrige, abgewendet von der
Gottheit, farblos und häßlich verwelkt, wo nicht
gar pestilentialische Düfte verbreitet —

Ich habe einmal zu Frankfurt, sagte der kleine
Simson, eine Uhr gesehen, die an keinen Uhr=
macher glaubte; sie war von Tombak und ging
sehr schlecht —

Ich will dir wenigstens zeigen, daß so eine
Uhr wenigstens gut schlagen kann, versetzte Dricksen,

indem er plötzlich ganz ruhig wurde und den Kleinen nicht weiter molestierte.

Da Letzterer trotz seiner schwachen Ärmchen ganz vortrefflich stieß, so ward beschlossen, daß sich die Beiden noch denselben Tag auf Parisiens schlagen sollten. Sie stachen auf einander los mit großer Erbitterung. Die schwarzen Augen des kleinen Simson glänzten feurig groß, und kontrastierten um so wunderbarer mit seinen Ärmchen, die aus den aufgeschürzten Hemdärmeln gar'kläglich dünn hervortraten. Er wurde immer heftiger; er schlug sich ja für die Existenz Gottes, des alten Jehovah, des Königs der Könige. Dieser aber gewährte seinem Champion nicht die mindeste Unterstützung, und im sechsten Gang bekam der Kleine einen Stich in die Lunge.

O Gott! seufzte er, und stürzte zu Boden.

Kapitel XIV.

Diese Scene hatte mich furchtbar erschüttert. Gegen das Weib aber, das mittelbar solches Unglück verursacht, wandte sich der ganze Ungestüm meiner Empfindungen; das Herz voll Zorn und Kummer, stürmte ich nach dem rothen Ochsen.

Ungeheuer, warum hast du keine Suppe geschickt? Dieses waren die Worte, womit ich die erbleichende Wirthin anredete, als ich sie in der Küche antraf. Das Porzellan auf dem Kamine zitterte bei dem Ton meiner Stimme. Ich war so entsetzlich, wie der Mensch es nur immer sein kann, wenn er keine Suppe gegessen und sein bester Freund einen Stich in die Lunge bekommen.

Ungeheuer, warum hast du keine Suppe geschickt? Diese Worte wiederholte ich, während das schuldbewußte Weib starr und sprachlos vor mir stand. Endlich aber, wie aus geöffneten Schleusen, stürzten aus ihren Augen die Thränen. Sie überschwemmten ihr ganzes Antlitz und tröpfelten bis in den Kanal ihres Busens. Dieser Anblick konnte jedoch meinen Zorn nicht erweichen, und mit verstärkter Bitterkeit sprach ich: O ihr Weiber, ich weiß, daß ihr weinen könnt; aber Thränen sind keine Suppe. Ihr seid erschaffen zu unserem Unheil. Euer Blick ist Lug, und euer Hauch ist Trug. Wer hat zuerst vom Apfel der Sünde gegessen? Gänse haben das Kapitol gerettet, aber durch ein Weib ging Troja zu Grunde. O Troja, Troja, des Priamos heilige Veste, du bist gefallen durch die Schuld eines Weibes! Wer hat den Marcus Antonius ins Verderben gestürzt? Wer ließ den Marcus Tullius Cicero ermorden? Wer verlangte den Kopf Johannis des Täufers? Wer war Ursache von Abälard's Verstümmelung? Ein Weib! Die Geschichte ist voll Beispiele, wie wir durch euch zu Grunde gehn. All euer Thun ist Thorheit und all euer Denken ist Undank. Wir geben euch das Höchste, die heiligste Flamme des Herzens, unsere Liebe — was gebt ihr uns als Ersatz? Fleisch, schlechtes Rindfleisch, noch schlechteres Hühnerfleisch — Ungeheuer, warum hast du keine Suppe geschickt!

Vergebens begann Myfrow jetzt eine Reihe von Entschuldigungen herzustammeln und mich bei allen Seligkeiten unserer genossenen Liebe zu beschwören, ihr diesmal zu verzeihen. Sie wollte mir von nun an noch besseres Essen schicken als früher und noch immer nur sechs Gulden die Portion anrechnen, obgleich der groote Dohlenwirth für sein ordinäres Essen sich acht Gulden bezahlen läßt. Sie ging so weit, mir für den folgenden Tag Austerpastete zu versprechen; ja, in dem weichen Ton ihrer Stimme dufteten sogar Trüssel. Aber ich blieb standhaft, ich war entschlossen, auf immer zu brechen, und verließ die Küche mit den tragischen Worten: Adieu, für dieses Leben haben wir ausgekocht!

Im Fortgehn hörte ich Etwas zu Boden fallen. War es irgend ein Küchentopf oder Myfrow selber? Ich nahm mir nicht einmal die Mühe nachzusehen, und ging direkt nach der grooten Dohlen, um sechs Portion Essen für den nächsten Tag zu bestellen.

Nach diesem wichtigsten Geschäft eilte ich nach der Wohnung des kleinen Simson, den ich in einem sehr schlechten Zustande fand. Er lag in einem großen altfränkischen Bette, das keine Vorhänge hatte, und an dessen Ecken vier große marmorierte Holzsäulen befindlich waren, die oben einen reich vergoldeten Betthimmel trugen. Das Antlitz des

Kleinen war leidend blaß, und in dem Blick, den er mir zuwarf, lag so viel Wehmuth, Güte und Elend, daß ich davon bis in die Tiefe meiner Seele gerührt wurde. Der Arzt hatte ihn eben verlassen und seine Wunde für bedenklich erklärt. Van Moeulen, der allein dort geblieben, um die Nacht bei ihm zu wachen, saß vor seinem Bette und las ihm vor aus der Bibel.

Schnabelewopski, seufzte der Kleine, es ist gut, daß du kommst. Kannst zuhören und es wird dir wohlthun. Das ist ein liebes Buch. Meine Vorfahren haben es in der ganzen Welt mit sich herumgetragen, und gar viel Kummer und Unglück und Schimpf und Haß dafür erduldet, oder sich gar dafür todtschlagen lassen. Jedes Blatt darin hat Thränen und Blut gekostet, es ist das aufgeschriebene Vaterland der Kinder Gottes, es ist das heilige Erbe Jehovah's —

Rede nicht zu Viel, rief Van Moeulen, es bekömmt dir schlecht.

Und gar, setzte ich hinzu, rede nicht von Jehovah, dem undankbarsten der Götter, für dessen Existenz du dich heute geschlagen —

O Gott! seufzte der Kleine, und Thränen fielen aus seinen Augen — O Gott, du hilfst unseren Feinden!

Rede nicht so Viel, wiederholte Van Moeulen. Und du, Schnabelewopski, flüsterte er mir zu, entschuldige, wenn ich dich langweile; der Kleine wollte durchaus, daß ich ihm die Geschichte seines Namensvetters, des Simson, vorlese — wir sind am vierzehnten Kapitel, hör zu:

„Simson ging hinab gen Thimnath, und sahe ein Weib zu Thimnath unter den Töchtern der Philister —"

Nein, rief der Kleine mit geschlossenen Augen, wir sind schon am sechzehnten Kapitel. Ist mir doch, als lebte ich das Alles mit, was du da vorliest, als hörte ich die Schafe blöcken, die am Jordan weiden, als hätte ich selber den Füchsen die Schwänze angezündet und sie in die Felder der Philister gejagt, als hätte ich mit einem Eselskinnbacken tausend Philister erschlagen — O, die Philister! sie hatten uns unterjocht und verspottet, und ließen uns wie Schweine Zoll bezahlen, und haben mich zum Tanzsaal hinausgeschmissen auf dem Roß und zu Bockenheim mit Füßen getreten — hinausgeschmissen, mit Füßen getreten, auf dem Roß! O Gott, Das ist nicht erlaubt!

Er liegt im Wundfieber und phantasiert, bemerkte leise Van Moeulen, und begann das sechzehnte Kapitel:

„Simson ging hin gen Gaza, und sahe daselbst eine Hure, und lag bei ihr.

„Da ward den Gazitern gesagt: Simson ist herein gekommen. Und sie umgaben ihn, und ließen auf ihn lauern die ganze Nacht in der Stadt Thor, und waren die ganze Nacht stille, und sprachen: Harre; morgen, wenn es Licht wird, wollen wir ihn erwürgen.

„Simson aber lag bis zu Mitternacht. Da stund er auf zu Mitternacht, und ergriff beide Thüren an der Stadt Thor, sammt den beiden Pfosten, und hub sie aus mit den Riegeln, und legte sie auf seine Schultern, und trug sie hinauf auf die Höhe des Berges von Hebron.

„Darnach gewann er ein Weib lieb am Bach Sorek, die hieß Delila.

„Zu Der kamen der Philister Fürsten hinauf und sprachen zu ihr: Überrede ihn und besiehe, worinnen er so große Kraft hat, und womit wir ihn übermögen, daß wir ihn binden und zwingen; so wollen wir dir geben ein Jeglicher tausend und hundert Silberlinge.

„Und Delila sprach zu Simson: Lieber, sage mir, worinnen deine große Kraft sei, und womit man dich binden möge, daß man dich zwinge.

„Simson sprach zu ihr: Wenn man mich bünde mit sieben Seilen von frischem Bast, die noch nicht verdorret sind; so würde ich schwach, und wäre wie ein anderer Mensch.

„Da brachten der Philister Fürsten zu ihr hinauf sieben Seile von frischem Bast, die noch nicht verdorret waren; und sie band ihn damit.

„(Man hielt aber auf ihn bei ihr in der Kammer.) Und sie sprach zu ihm: Die Philister über dir, Simson! Er aber zerriß die Seile, wie eine flächserne Schnur zerreißet, wenn sie ans Feuer reucht; und ward nicht kund, wo seine Kraft wäre."

O dumme Philister! rief jetzt der Kleine, und lächelte vergnügt; wollten mich auch auf die Konstablerwacht setzen —

Van Moeulen aber las weiter:

„Da sprach Delila zu Simson: Siehe, du hast mich getäuschet und mir gelogen; nun, so sage mir doch, womit kann man dich binden?

„Er antwortete ihr: Wenn sie mich bünden mit neuen Stricken, damit nie keine Arbeit geschehen ist; so würde ich schwach und wie ein anderer Mensch.

„Da nahm Delila neue Stricke, und band ihn damit, und sprach: Philister über dir, Simson!

(man hielt aber auf ihn in der Kammer), und er zerriß sie von seinen Armen, wie einen Faden."

O dumme Philister! rief der Kleine im Bette.

„Delila aber sprach zu ihm: Noch hast du mich getäuschet und mir gelogen. Lieber, sage mir doch, womit kann man dich binden? Er antwortete ihr: Wenn du sieben Locken meines Hauptes flöchtest mit einem Flechtbande, und heftetest sie mit einem Nagel ein.

„Und sie sprach zu ihm: Philister über dir, Simson! Er aber wachte auf von seinem Schlaf, und zog die geflochtenen Locken mit Nagel und Flechtband heraus."

Der Kleine lachte: Das war auf der Eschenheimer Gasse. Van Moeulen aber fuhr fort:

„Da sprach sie zu ihm: Wie kannst du sagen, du habest mich lieb, so dein Herz doch nicht mit mir ist? Dreimal hast du mich getäuschet, und mir nicht gesaget, worinnen deine große Kraft sei.

„Da sie ihn aber trieb mit ihren Worten alle Tage, und zerplagte ihn, ward seine Seele matt bis an den Tod,

„Und sagte ihr sein ganzes Herz, und sprach zu ihr: Es ist nie kein Schermesser auf mein Haupt kommen; denn ich bin ein Verlobter Gottes von Mutterleib an. Wenn du mich beschörest, so wiche

meine Kraft von mir, daß ich schwach würde und
wie alle andere Menschen."

Welch eine Dummheit! seufzte der Kleine.
Van Moeulen fuhr fort:

„Da nun Delila sahe, daß er ihr alle sein
Herz offenbaret hatte, sandte sie hin, und ließ der
Philister Fürsten rufen, und sagen: Kommet noch
einmal herauf; denn er hat mir alle sein Herz offen=
baret. Da kamen der Philister Fürsten zu ihr her=
auf, und brachten das Geld mit sich in ihrer Hand.

„Und sie ließ ihn entschlafen auf ihrem Schoß,
und rief Einem, der ihm die sieben Locken seines
Hauptes abschöre. Und sie fing an ihn zu zwingen.
Da war seine Kraft von ihm gewichen.

„Und sie sprach zu ihm: Philister über dir,
Simson! Da er nun von seinem Schlaf erwachte,
gedachte er: Ich will ausgehen, wie ich mehrmals
gethan habe, ich will mich ausreißen, und wußte
nicht, daß der Herr von ihm gewichen war.

„Aber die Philister griffen ihn, und stachen
ihm die Augen aus, und führten ihn hinab gen
Gaza, und bunden ihn mit zwo ehernen Ketten,
und er mußte mahlen im Gefängnis."

O Gott! Gott! wimmerte und weinte bestän=
dig der Kranke. Sei still, sagte Van Moeulen, und
las weiter:

"Aber das Haar seines Hauptes fing wieder an zu wachsen, wo es beschoren war.

"Da aber der Philister Fürsten sich versammleten, ihrem Gott Dagon ein groß Opfer zu thun und sich zu freuen, sprachen sie: Unser Gott hat uns unsern Feind Simson in unsere Hände gegeben.

"Desselbigengleichen, als ihn das Volk sahe, lobeten sie ihren Gott; denn sie sprachen: Unser Gott hat uns unsern Feind in unsere Hände gegeben, der unser Land verderbete, und Unser Viele erschlug.

"Da nun ihr Herz guter Dinge war, sprachen sie: Lasset Simson holen, daß er vor uns spiele. Da holeten sie Simson aus dem Gefängnis, und er spielete vor ihnen, und sie stelleten ihn zwischen zwo Säulen.

"Simson aber sprach zu dem Knaben, der ihn bei der Hand leitete: Laß mich, daß ich die Säulen taste, auf welchen das Haus stehet, daß ich mich daran lehne.

"Das Haus aber war voll Männer und Weiber. Es waren auch der Philister Fürsten alle da, und auf dem Dach bei dreitausend, Mann und Weib, die da zusahen, wie Simson spielete.

"Simson aber rief den Herrn an, und sprach: Herr, Herr, gedenke mein, und stärke mich doch,

Gott, diesmal, daß ich für meine beiden Augen mich einst räche an den Philistern!

„Und er fassete die zwo Mittelsäulen, auf welchen das Haus gesetzet war und darauf sich hielt, eine in seine rechte, und die andere in seine linke Hand,

„Und sprach: Meine Seele sterbe mit den Philistern! und neigete sich kräftiglich. Da fiel das Haus auf die Fürsten, und auf alles Volk, das darinnen war, daß der Todten mehr waren, die in seinem Tode sturben, denn die bei seinem Leben sturben."

Bei dieser Stelle öffnete der kleine Simson seine Augen geisterhaft weit, hob sich krampfhaft in die Höhe, ergriff mit seinen dünnen Ärmchen die beiden Säulen, die zu Füßen seines Bettes, und rüttelte daran, während er zornig stammelte: Es sterbe meine Seele mit den Philistern! Aber die starken Bettsäulen blieber unbeweglich, ermattet und wehmüthig lächelnd fiel der Kleine zurück auf seine Kissen, und aus seiner Wunde, deren Verband sich verschoben, quoll ein rother Blutstrom.

Florentinische Nächte.

(1836.)

———

Erste Nacht.

―――

Im Vorzimmer fand Maximilian den Arzt, wie er eben seine schwarzen Handschuhe anzog. Ich bin sehr pressiert, rief ihm Dieser hastig entgegen. Signora Maria hat den ganzen Tag nicht geschlafen, und nur in diesem Augenblick ist sie ein wenig eingeschlummert. Ich brauche Ihnen nicht zu empfehlen, sie durch kein Geräusch zu wecken; und wenn sie erwacht, darf sie bei Leibe nicht reden. Sie muß ruhig liegen, darf sich nicht rühren, nicht im mindesten bewegen, darf nicht reden, und nur geistige Bewegung ist ihr heilsam. Bitte, erzählen Sie ihr wieder allerlei närrische Geschichten, so daß sie ruhig zuhören muß.

Seien Sie unbesorgt, Doktor, erwiderte Maximilian mit einem wehmüthigen Lächeln. Ich habe

mich schon ganz zum Schwätzer ausgebildet und
lasse sie nicht zu Worte kommen. Und ich will ihr
schon genug phantastisches Zeug erzählen, so viel
Sie nur begehren . . . Aber wie lange wird sie
noch leben können?

Ich bin sehr pressiert, antwortete der Arzt
und entwischte.

Die schwarze Deborah, feinöhrig wie sie ist,
hatte schon am Tritte den Ankommenden erkannt,
und öffnete ihm leise die Thüre. Auf seinen Wink
verließ sie eben so leise das Gemach, und Maxi=
milian befand sich allein bei seiner Freundin. Nur
dämmernd war das Zimmer von einer einzigen
Lampe erhellt. Diese warf dann und wann halb
furchtsame, halb neugierige Lichter über das Ant=
litz der kranken Frau, welche ganz angekleidet in
weißem Musselin auf einem grünseidnen Sofa hin=
gestreckt lag und ruhig schlief.

Schweigend, mit verschränkten Armen, stand
Maximilian einige Zeit vor der Schlafenden und
betrachtete die schönen Glieder, die das leichte Ge=
wand mehr offenbarte als verhüllte, und jedesmal,
wenn die Lampe einen Lichtstreif über das blasse
Antlitz warf, erbebte sein Herz. Um Gott! sprach
er leise vor sich hin, was ist Das? Welche Er=
innerung wird in mir wach? Ja, jetzt weiß ich's.

Dieses weiße Bild auf dem grünen Grunde, ja, jetzt . . .

In diesem Augenblick erwachte die Kranke, und wie aus der Tiefe eines Traumes hervorschauend, blickten auf den Freund die sanften, dunkelblauen Augen, fragend, bittend . . . An was dachten Sie eben, Maximilian? sprach sie mit jener schauerlich weichen Stimme, wie sie bei Lungenkranken gefunden wird, und worin wir zugleich das Lallen eines Kindes, das Zwitschern eines Vogels und das Geröchel eines Sterbenden zu vernehmen glauben. An was dachten sie eben, Maximilian? wiederholte sie nochmals und erhob sich so hastig in die Höhe, daß die langen Locken wie aufgeschreckte Goldschlangen ihr Haupt umringelten.

Um Gott! rief Maximilian, indem er sie sanft wieder aufs Sopha niederdrückte, bleiben Sie ruhig liegen, sprechen Sie nicht; ich will Ihnen Alles sagen, Alles was ich denke, was ich empfinde, ja was ich nicht einmal selber weiß!

In der That, fuhr er fort, ich weiß nicht genau, was ich eben dachte und fühlte. Bilder aus der Kindheit zogen mir dämmernd durch den Sinn, ich dachte an das Schloß meiner Mutter, an den wüsten Garten dort, an die schöne Marmorstatue, die im grünen Grase lag . . . Ich habe

„das Schloß meiner Mutter" gesagt, aber ich bitte Sie, bei Leibe, denken Sie sich darunter nichts Prächtiges und Herrliches! An diese Benennung habe ich mich nun einmal gewöhnt; mein Vater legte immer einen ganz besonderen Ausdruck auf die Worte „das Schloß!" und er lächelte dabei immer so eigenthümlich. Die Bedeutung dieses Lächelns begriff ich erst später, als ich, ein etwa zwölfjähriges Bübchen, mit meiner Mutter nach dem Schlosse reiste. Es war meine erste Reise. Wir fuhren den ganzen Tag durch einen dicken Wald, dessen dunkle Schauer mir immer unvergeßlich bleiben, und erst gegen Abend hielten wir still vor einer langen Querstange, die uns von einer großen Wiese trennte. Wir mußten fast eine halbe Stunde warten, ehe aus der nahegelegenen Lehmhütte der Junge kam, der die Sperre wegschob und uns einließ. Ich sage „der Junge," weil die alte Marthe ihren vierzigjährigen Neffen noch immer den Jungen nannte; Dieser hatte, um die gnädige Herrschaft würdig zu empfangen, das alte Livreekleid seines verstorbenen Oheims angezogen, und da er es vorher ein bischen ausstäuben mußte, ließ er uns so lange warten. Hätte man ihm Zeit gelassen, würde er auch Strümpfe angezogen haben; die langen, nackten, rothen Beine stachen aber nicht

sehr ab von dem grellen Scharlachrock. Ob er
darunter eine Hose trug, weiß ich nicht mehr.
Unser Bedienter, der Johann, der ebenfalls die
Benennung „Schloß" oft vernommen, machte ein
sehr verwundertes Gesicht, als der Junge uns zu
dem kleinen gebrochenen Gebäude führte, wo der
selige Herr gewohnt. Er ward aber schier bestürzt,
als meine Mutter ihm befahl, die Betten hinein=
zubringen. Wie konnte er ahnen, daß auf dem
„Schlosse" keine Betten befindlich! und die Ordre
meiner Mutter, daß er Bettung für uns mitneh=
men solle, hatte er entweder ganz überhört oder
als überflüssige Mühe unbeachtet gelassen.

Das kleine Haus, das, nur eine Etage hoch,
in seinen besten Zeiten höchstens fünf bewohnbare
Zimmer enthalten, war ein kummervolles Bild der
Vergänglichkeit. Zerschlagene Möbeln, zerfetzte Ta=
peten, keine einzige Fensterscheibe ganz verschont,
hie und da der Fußboden aufgerissen, überall die
häßlichen Spuren der übermüthigsten Soldaten=
wirthschaft. „Die Einquartierung hat sich immer
bei uns sehr amüsiert," sagte der Junge mit einem
blödsinnigen Lächeln. Die Mutter aber winkte, daß
wir sie allein lassen möchten, und während der
Junge mit Johann sich beschäftigte, ging ich den
Garten besehen. Dieser bot ebenfalls den trost=

losesten Anblick der Zerstörnis. Die großen Bäume waren zum Theil verstümmelt, zum Theil niedergebrochen, und höhnische Wucherpflanzen erhoben sich über die gefallenen Stämme. Hie und da, an den aufgeschossenen Taxusbüschen, konnte man die ehemaligen Wege erkennen. Hie und da standen auch Statuen, denen meistens die Köpfe, wenigstens die Nasen, fehlten. Ich erinnere mich einer Diana, deren untere Hälfte von dunklem Epheu aufs lächerlichste umwachsen war, so wie ich mich auch einer Göttin des Überflusses erinnere, aus deren Füllhorn lauter missduftendes Unkraut hervorblühte. Nur eine Statue war, Gott weiß wie, von der Bosheit der Menschen und der Zeit verschont geblieben; von ihrem Postamente freilich hatte man sie herabgestürzt ins hohe Gras, aber da lag sie unverstümmelt, die marmorne Göttin mit den reinschönen Gesichtszügen und mit dem straffgetheilten, edlen Busen, der wie eine griechische Offenbarung aus dem hohen Grase hervorglänzte. Ich erschrak fast, als ich sie sah; dieses Bild flößte mir eine sonderbar schwüle Scheu ein, und eine geheime Blödigkeit ließ mich nicht lange bei seinem holden Anblick verweilen.

Als ich wieder zu meiner Mutter kam, stand sie am Fenster, verloren in Gedanken, das Haupt gestützt auf ihrem rechten Arm, und die Thränen flossen ihr unaufhörlich über die Wangen. So hatte ich sie noch nie weinen sehen. Sie umarmte mich mit hastiger Zärtlichkeit und bat mich um Verzeihung, daß ich durch Johann's Nachlässigkeit kein ordentliches Bett bekommen werde. „Die alte Marthe," sagte sie, „ist schwer krank und kann dir, liebes Kind, ihr Bett nicht abtreten. Johann soll dir aber die Kissen aus dem Wagen so zurecht legen, daß du darauf schlafen kannst, und er mag dir auch seinen Mantel zur Decke geben. Ich selber schlafe hier auf Stroh; es ist das Schlafzimmer meines seligen Vaters; es sah sonst hier viel besser aus. Laß mich allein!" Und die Thränen schossen ihr noch heftiger aus den Augen.

War es nun das ungewohnte Lager oder das aufgeregte Herz, es ließ mich nicht schlafen. Der Mondschein drang so unmittelbar durch die gebrochenen Fensterscheiben, und es war mir, als wolle er mich hinauslocken in die helle Sommernacht. Ich mochte mich rechts oder links wenden auf meinem Lager, ich mochte die Augen schließen oder wieder ungeduldig öffnen, immer mußte ich an die schöne Marmorstatue denken, die ich im Grase liegen sehen. Ich konnte mir die Blödigkeit nicht erklären, die mich bei ihrem Anblick erfaßt hatte; ich ward verdrießlich ob dieses kindischen Gefühls, und „Morgen," sagte ich leise zu mir selber, „morgen küssen wir dich, du schönes Marmorgesicht, wir küssen dich eben auf die schönen Mundwinkel, wo die Lippen in ein so holdseliges Grübchen zusammenschmelzen!" Eine Ungeduld, wie ich sie noch nie gefühlt, rieselte dabei durch alle meine Glieder, ich konnte dem wunderbaren Drange nicht länger gebieten, und endlich sprang ich auf mit keckem Muthe und sprach: „Was gilt's, und ich küsse dich noch heute, du liebes Bildnis!" Leise, damit die Mutter meine Tritte nicht höre, verließ ich das Haus, was um so leichter, da das Portal zwar noch mit einem großen Wappenschild, aber mit keinen Thüren mehr versehen war; und hastig arbeitete ich mich durch das Laubwerk des wüsten Gartens. Auch kein Laut regte sich, und Alles ruhte stumm und ernst im stillen Mondschein. Die Schatten der Bäume waren wie angenagelt auf der Erde. Im grünen Grase lag die schöne Göttin ebenfalls regungslos, aber kein steinerner Tod, sondern nur ein stiller Schlaf schien ihre lieblichen Glieder gefesselt zu halten, und als ich ihr nahete, fürchtete ich schier, daß ich sie durch das geringste Geräusch aus ihrem Schlummer erwecken könnte. Ich hielt den Athem zurück, als ich mich über sie hinbeugte, um die schönen Gesichtszüge zu betrachten; eine schauerliche Beängstigung stieß mich von ihr ab, eine knabenhafte Lüsternheit zog mich wieder zu ihr hin, mein Herz pochte, als wollte ich eine Mordthat begehen, und endlich küßte ich die schöne Göttin mit einer Inbrunst, mit einer Zärtlichkeit, mit einer Verzweiflung, wie ich nie mehr geküßt habe in diesem Leben. Auch nie habe ich diese grauenhaft süße Empfindung vergessen können, die meine Seele durchfluthete, als die beseligende Kälte jener Marmorlippen meinen Mund berührte ... Und sehen Sie, Maria, als ich eben vor Ihnen stand und ich Sie in Ihrem weißen Musselinkleide auf dem grünen Sofa liegen sah, da mahnte mich Ihr Anblick an das weiße Marmorbild im grünen Grase. Hätten Sie länger geschlafen, meine Lippen würden nicht widerstanden haben ...

Max! Max! schrie das Weib aus der Tiefe ihrer Seele — Entsetzlich! Sie wissen, daß ein Kuß von Ihrem Munde ...

O, schweigen Sie nur, ich weiß, Das wäre für Sie etwas Entsetzliches! Sehen Sie mich nur nicht so flehend an. Ich mißdeute nicht Ihre Empfindungen, obgleich die letzten Gründe derselben mir verborgen bleiben. Ich habe nie meinen Mund auf Ihre Lippen drücken dürfen ...

Aber Maria ließ ihn nicht ausreden, sie hatte seine Hand erfaßt, bedeckte diese Hand mit den heftigsten Küssen, und sagte dann lächelnd: Bitte, bitte, erzählen Sie mir noch mehr von ihren Liebschaften. Wie lange liebten Sie die marmorne Schöne, die Sie im Schloßgarten Ihrer Mutter geküßt?

Wir reisten den andern Tag ab, antwortete Maximilian, und ich habe das holde Bildnis nie wiedergesehen. Aber fast vier Jahre beschäftigte es mein Herz. Eine wunderbare Leidenschaft für marmorne Statuen hat sich seitdem in meiner Seele entwickelt, und noch diesen Morgen empfand ich ihre hinreißende Gewalt. Ich kam aus der Laurentiana, der Bibliothek der Medicäer, und gerieth, ich weiß nicht mehr wie, in die Kapelle, wo jenes prachtvollste Geschlecht Italiens sich eine Schlafstelle von Edelsteinen gebaut hat und ruhig schlummert. Eine ganze Stunde blieb ich dort versunken in dem Anblick eines marmornen Frauenbilds, dessen gewaltiger Leibesbau von der kühnen Kraft des Michel Angelo zeugt, während doch die ganze Gestalt von einer ätherischen Süßigkeit umflossen ist, die man bei jenem Meister eben nicht zu suchen pflegt. In diesem Marmor ist das ganze Traumreich gebannt mit allen seinen stillen Seligkeiten, eine zärtliche Ruhe wohnt in diesen schönen Gliedern, ein besänftigendes Mondlicht scheint durch ihre Adern zu rinnen . . . es ist die Nacht des Michel Angelo Buonarotti. O, wie gern möchte ich schlafen des ewigen Schlafes in den Armen dieser Nacht . . .

Gemalte Frauenbilder, fuhr Maximilian fort nach einer Pause, haben mich immer minder heftig interessiert als Statuen. Nur einmal war ich in ein Gemälde verliebt. Es war eine wunderschöne Madonna, die ich in einer Kirche zu Köln am Rhein kennen lernte. Ich wurde damals ein sehr eifriger Kirchengänger, und mein Gemüth versenkte sich in die Mystik des Katholicismus. Ich hätte damals gern, wie ein spanischer Ritter, alle Tage auf Leben und Tod gekämpft für die immakulierte Empfängnis Mariä, der Königin der Engel, der schönsten Dame des Himmels und der Erde! Für die ganze heilige Familie interessierte ich mich damals, und ganz besonders freundlich zog ich jedesmal den Hut ab, wenn ich einem Bilde des heiligen Joseph's vorbeikam. Dieser Zustand dauerte jedoch nicht lange, und fast ohne Umstände verließ ich die Mutter Gottes, als ich in einer Antiken-Galerie mit einer griechischen Nymphe bekannt wurde, die mich lange Zeit in ihren Marmorfesseln gefangen hielt.

Und Sie liebten immer nur gemeißelte oder gemalte Frauen? kicherte Maria.

Nein, ich habe auch todte Frauen geliebt, antwortete Maximilian, über dessen Gesicht sich wieder ein großer Ernst verbreitete. Er bemerkte nicht, daß bei diesen Worten Maria erschreckend zusammenfuhr, und ruhig sprach er weiter:

Ja, es ist höchst sonderbar, daß ich mich einst in ein Mädchen verliebte, nachdem sie schon seit sieben Jahren verstorben war. Als ich die kleine Very kennen lernte, gefiel sie mir ganz außerordentlich gut. Drei Tage lang beschäftigte ich mich mit dieser jungen Person und fand das höchste Ergötzen an Allem, was sie that und sprach, an allen Äußerungen ihres reizend wunderlichen Wesens, jedoch ohne daß mein Gemüth dabei in überzärtliche Bewegung gerieth. Auch wurde ich einige Monate darauf nicht allzu tief ergriffen, als ich die Nachricht empfing, daß sie in Folge eines Nervenfiebers plötzlich gestorben sei. Ich vergaß sie ganz gründlich, und ich bin überzeugt, daß ich jahrelang auch nicht ein einziges Mal an sie gedacht habe. Ganze sieben Jahre waren seitdem verstrichen, und ich befand mich in Potsdam, um in ungestörter Einsamkeit den schönen Sommer zu genießen. Ich kam dort mit keinem einzigen Menschen in Berührung, und mein ganzer Umgang beschränkte sich auf die Statuen, die sich im Garten von Sanssouci befinden. Da geschah es eines Tages, daß mir Gesichtszüge und eine seltsam liebenswürdige Art des Sprechens und Bewegens ins Gedächtnis traten, ohne daß ich mich Dessen entsinnen konnte, welcher Person Dergleichen angehörten. Nichts ist quälender als solches Herumstöbern in alten Erinnerungen, und ich war deßhalb wie freudig überrascht, als ich nach einigen Tagen mich auf einmal der kleinen Very erinnerte und jetzt merkte, daß es ihr liebes, vergessenes Bild war, was mir so beunruhigend vorgeschwebt hatte. Ja, ich freute mich dieser Entdeckung wie Einer, der seinen intimsten Freund ganz unerwartet wiedergefunden; die verblichenen Farben belebten sich allmählig, und endlich stand die süße kleine Person wieder leibhaftig vor mir, lächelnd, schmollend, witzig, und schöner noch als jemals. Von nun an wollte mich dieses holde Bild nimmermehr verlassen, es füllte meine ganze Seele; wo ich ging und stand, stand und ging es an meiner Seite, sprach mit mir, lachte mit mir, jedoch harmlos und ohne große Zärtlichkeit. Ich aber wurde täglich mehr und mehr bezaubert von diesem Bilde, das täglich mehr und mehr Realität für mich gewann. Es ist leicht, Geister zu beschwö=

ren, doch ist es schwer, sie wieder zurück zu schicken in ihr dunkles Nichts; sie sehen uns dann so flehend an, unser eigenes Herz leiht ihnen so mächtige Fürbitte... Ich konnte mich nicht mehr losreißen, und ich verliebte mich in die kleine Very, nachdem sie schon seit sieben Jahren verstorben. So lebte ich sechs Monate in Potsdam, ganz versunken in dieser Liebe. Ich hütete mich noch sorgfältiger als vorher vor jeder Berührung mit der Außenwelt, und wenn irgend Jemand auf der Straße etwas nahe an mir vorbeistreifte, empfand ich die miß= behaglichste Beklemmung. Ich hegte vor allen Be= gegnissen eine tiefe Scheu, wie solche vielleicht die nachtwandelnden Geister der Todten empfinden; denn Diese, wie man sagt, wenn sie einem leben= den Menschen begegnen, erschrecken sie eben so sehr, wie der Lebende erschrickt, wenn er einem Gespenste begegnet. Zufällig kam damals ein Reisender durch Potsdam, dem ich nicht ausweichen konnte, nämlich mein Bruder. Bei seinem Anblick und bei seinen Erzählungen von den letzten Vorfällen der Tages= geschichte erwachte ich wie aus einem tiefen Traume, und zusammenschreckend fühlte ich plötzlich, in wel= cher grauenhaften Einsamkeit ich so lange für mich hingelebt. Ich hatte in diesem Zustande nicht ein= mal den Wechsel der Jahrzeiten gemerkt, und mit

Verwunderung betrachtete ich jetzt die Bäume, die, längst entblättert, mit herbstlichem Reife bedeckt standen. Ich verließ alsbald Potsdam und die kleine Very, und in einer andern Stadt, wo mich wichtige Geschäfte erwarteten, wurde ich durch sehr eckige Verhältnisse und Beziehungen sehr bald wieder in die rohe Wirklichkeit hineingequält.

Lieber Himmel! fuhr Maximilian fort, indem ein schmerzliches Lächeln um seine Oberlippe zuckte, — lieber Himmel! die lebendigen Weiber, mit denen ich damals in unabweisliche Berührungen kam, wie haben sie mich gequält, zärtlich gequält mit ihrem Schmollen, Eifersüchteln und beständigem In=Athem= halten! Auf wie vielen Bällen mußte ich mit ihnen herumtraben, in wie viele Klatschereien mußte ich mich mischen! Welche rastlose Eitelkeit, welche Freude an der Lüge, welche küssende Verrätherei, welche giftige Blumen! Jene Damen mußten mir alle Lust und Liebe zu verleiden, und ich wurde auf einige Zeit ein Weiberfeind, der das ganze Geschlecht ver= dammte. Es erging mir fast wie dem französischen Offiziere, der im russischen Feldzuge sich nur mit Mühe aus den Eisgruben der Beresina gerettet hatte, aber seitdem gegen alles Gefrorene eine solche Antipathie bekommen, daß er jetzt sogar die süßesten und angenehmsten Eissorten von Tortoni mit Abscheu von sich wies. Ja, die Erinnerung an die Beresina der Liebe, die ich damals passierte, verleidete mir einige Zeit sogar die köstlichsten Damen, Frauen wie Engel, Mädchen wie Vanillensorbet.

Ich bitte Sie, rief Maria, schmähen Sie nicht die Weiber! Das sind abgedroschene Redensarten der Männer. Am Ende, um glücklich zu sein, bedürft ihr dennoch der Weiber.

O, seufzte Maximilian, Das ist freilich wahr. Aber die Weiber haben leider nur eine einzige Art, wie sie uns glücklich machen können, während sie uns auf dreißigtausend Arten unglücklich zu machen wissen.

Theurer Freund, erwiderte Maria, indem sie ein leises Lächeln verbiß, ich spreche von dem Einklange zweier gleichgestimmten Seelen. Haben Sie dieses Glück nie empfunden? . . . Aber ich sehe eine ungewöhnte Röthe über ihre Wangen ziehen . . . Sprechen Sie . . . Max?

Es ist wahr, Maria, ich fühle mich fast knabenhaft befangen, da ich Ihnen die glückliche Liebe gestehen soll, die mich einst unendlich beseligt hat! Diese Erinnerung ist mir noch nicht verloren, und in ihren kühlen Schatten flüchtet sich noch oft meine Seele, wenn der brennende Staub und die Tageshitze des Lebens unerträglich wird. Ich bin aber

nicht im Stande, Ihnen von dieser Geliebten einen
richtigen Begriff zu geben. Sie war so ätherischer
Natur, daß sie sich mir nur im Traume offenbaren
konnte. Ich denke, Maria, Sie hegen kein banales
Vorurtheil gegen Träume; diese nächtlichen Er=
scheinungen haben wahrlich eben so viel Realität
wie jene roheren Gebilde des Tages, die wir mit
Händen antasten können, und woran wir uns nicht
selten beschmutzen. Ja, es war im Traume, wo ich
sie sah, jenes holde Wesen, das mich am meisten
auf dieser Welt beglückt hat. Über ihre Äußerlich=
keit weiß ich Wenig zu sagen. Ich bin nicht im
Stande, die Form ihrer Gesichtszüge ganz genau
anzugeben. Es war ein Gesicht, das ich nie vor=
her gesehen, und das ich nachher nie wieder im
Leben erblickte. So Viel erinnere ich mich, es war
nicht weiß und rosig, sondern ganz einfarbig, ein
sanft angeröthetes Blaßgelb und durchsichtig wie
Krystall. Die Reize dieses Gesichtes bestanden
weder im strengen Schönheitsmaß, noch in der in=
teressanten Beweglichkeit; sein Charakter bestand
vielmehr in einer bezaubernden, entzückenden, fast
erschreckenden Wahrhaftigkeit. Es war ein Gesicht
voll bewußter Liebe und graciöser Güte; es war
mehr eine Seele als ein Gesicht, und deßhalb habe
ich die äußere Form mir nie ganz vergegenwärtigen

können. Die Augen waren sanft wie Blumen, die Lippen etwas bleich, aber anmuthig gewölbt. Sie trug ein seidnes Peignoir von kornblauer Farbe, aber hierin bestand auch ihre ganze Bekleidung; Hals und Füße waren nackt, und durch das weiche, dünne Gewand lauschte manchmal wie verstohlen die schlanke Zartheit der Glieder. Die Worte, die wir mit einander gesprochen, kann ich mir ebenfalls nicht mehr verdeutlichen; so Viel weiß ich, daß wir uns verlobten, und daß wir heiter und glücklich, offenherzig und traulich, wie Bräutigam und Braut, ja fast wie Bruder und Schwester, mit einander kos'ten. Manchmal aber sprachen wir gar nicht mehr und sahen uns einander an, Aug' in Auge, und in diesem beseligenden Anschauen verharrten wir ganze Ewigkeiten ... Wodurch ich erwacht bin, kann ich ebenfalls nicht sagen, aber ich schwelgte noch lange Zeit in dem Nachgefühle dieses Liebesglücks. Ich war lange wie getränkt von unerhörten Wonnen, die schmachtende Tiefe meines Herzens war wie gefüllt mit Seligkeit, eine mir unbekannte Freude schien über alle meine Empfindungen ausgegossen, und ich blieb froh und heiter, obgleich ich die Geliebte in meinen Träumen niemals wiedersah. Aber hatte ich nicht in ihrem Anblick ganze Ewigkeiten genossen? Auch kannte sie mich zu gut, um nicht zu wissen, daß ich keine Wiederholungen liebe.

Wahrhaftig, rief Maria, Sie sind ein homme à bonne fortune ... Aber sagen Sie mir, war Mademoiselle Laurence eine Marmorstatue oder ein Gemälde? eine Todte oder ein Traum?

Vielleicht alles Dieses zusammen, antwortete Maximilian sehr ernsthaft.

Ich konnte mir's vorstellen, theurer Freund, daß diese Geliebte von sehr zweifelhaftem Fleische sein mußte. Und wann werden Sie mir diese Geschichte erzählen?

Morgen. Sie ist lang, und ich bin heute müde. Ich komme aus der Oper und habe zu viel Musik in den Ohren.

Sie gehen jetzt oft in die Oper, und ich glaube, Max, Sie gehen dorthin mehr um zu sehen, als um zu hören.

Sie irren sich nicht, Maria, ich gehe wirklich in die Oper, um die Gesichter der schönen Italiänerinnen zu betrachten. Freilich, sie sind schon außerhalb dem Theater schön genug, und ein Geschichtsforscher könnte an der Idealität ihrer Züge sehr leicht den Einfluß der bildenden Künste auf die Leiblichkeit des italiänischen Volkes nachweisen. Die Natur hat hier den Künstlern das

Kapital zurückgenommen, das sie ihnen einst geliehen, und siehe! es hat sich aufs entzückendste verzinst. Die Natur, welche einst den Künstlern ihre Modelle lieferte, sie kopiert heute ihrerseits die Meisterwerke, die dadurch entstanden. Der Sinn für das Schöne hat das ganze Volk durchdrungen, und wie einst das Fleisch auf den Geist, so wirkt jetzt der Geist auf das Fleisch. Und nicht fruchtlos ist die Andacht vor jenen schönen Madonnen, den lieblichen Altarbildern, die sich dem Gemüthe des Bräutigams einprägen, während die Braut einen schönen Heiligen im brünstigen Sinne trägt. Durch solche Wahlverwandtschaft ist hier ein Menschengeschlecht entstanden, das noch schöner ist als der holde Boden, worauf es blüht, und der sonnige Himmel, der es wie ein goldner Rahmen umstrahlt. Die Männer interessieren mich nie viel, wenn sie nicht entweder gemalt oder gemeißelt sind, und Ihnen, Maria, überlasse ich allen möglichen Enthusiasmus in Betreff jener schönen, geschmeidigen Italiäner, die so wildschwarze Backenbärte und so kühn edle Nasen und so sanft kluge Augen haben. Man sagt, die Lombarden seien die schönsten Männer. Ich habe nie darüber Untersuchungen angestellt, nur über die Lombardinnen habe ich ernsthaft nachgedacht, und Diese, Das habe ich wohl gemerkt, sind wirklich so schön, wie der Ruhm meldet. Aber auch schon im Mittelalter müssen sie ziemlich schön gewesen sein. Sagt man doch von Franz I., daß das Gerücht von der Schönheit der Mailänderinnen ein heimlicher Antrieb gewesen, der ihn zu seinem italiänischen Feldzuge bewogen habe; der ritterliche König war gewiß neugierig, ob seine geistlichen Mühmchen, die Sippschaft seines Taufpathen, so hübsch seien, wie er rühmen hörte... Armer Schelm! zu Pavia mußte er für diese Neugier sehr theuer büßen!

Aber wie schön sind sie erst, diese Italiänerinnen, wenn die Musik ihre Gesichter beleuchtet. Ich sage: beleuchtet, denn die Wirkung der Musik, die ich in der Oper auf den Gesichtern der schönen Frauen bemerke, gleicht ganz jenen Licht- und Schatteneffekten, die uns in Erstaunen setzen, wenn wir Statuen in der Nacht bei Fackelschein betrachten. Diese Marmorbilder offenbaren uns dann mit erschreckender Wahrheit ihren innewohnenden Geist und ihre schauerlichen stummen Geheimnisse. In derselben Weise giebt sich uns auch das ganze Leben der schönen Italiänerinnen kund, wenn wir sie in der Oper sehen; die wechselnden Melodien wecken alsdann in ihrer Seele eine Reihe von Gefühlen, Erinnerungen, Wünschen und Ärgernissen, die sich alle augenblicklich in den Bewegungen ihrer Züge, in ihrem Erröthen, in ihrem Erbleichen, und gar in ihren Augen aussprechen. Wer zu lesen versteht, kann alsdann auf ihren schönen Gesichtern sehr viel' süße und interessante Dinge lesen, Geschichten, die so merkwürdig wie die Novellen des Boccaccio, Gefühle, die so zart wie die Sonette des Petrarcha, Launen, die so abenteuerlich wie die Ottaverime des Ariosto, manchmal auch furchtbare Verrätherei und erhabene Bosheit, die so poetisch wie die Hölle des großen Dante. Da ist es der Mühe werth, hinaufzuschauen nach den Logen. Wenn nur die Männer unterdessen ihre Begeisterung nicht mit so fürchterlichem Lärm aussprächen! Dieses allzu tolle Geräusch in einem italiänischen Theater wird mir manchmal lästig. Aber die Musik ist die Seele dieser Menschen, ihr Leben, ihre Nationalsache. In andern Ländern giebt es gewiß Musiker, die den größten italiänischen Renommeen gleichstehen, aber es giebt dort kein musikalisches Volk. Die Musik wird hier in Italien nicht durch Individuen repräsentiert, sondern sie offenbart sich in der ganzen Bevölkerung, die Musik ist Volk geworden. Bei uns im Norden ist es ganz anders; da ist die Musik nur Mensch geworden und heißt Mozart oder Meyerbeer; und obendrein wenn man das

Beste, was solche nordische Musiker uns bieten, genau untersucht, so findet sich darin italiänischer Sonnenschein und Orangenduft, und viel eher als unserem Deutschland gehören sie dem schönen Italien, der Heimat der Musik. Ja, Italien wird immer die Heimat der Musik sein, wenn auch seine großen Maestri frühe ins Grab steigen oder verstummen, wenn auch Bellini stirbt und Rossini schweigt.

Wahrlich, bemerkte Maria, Rossini behauptet ein sehr strenges Stillschweigen. Wenn ich nicht irre, schweigt er schon seit zehn Jahren.

Das ist vielleicht ein Witz von ihm, antwortete Maximilian. Er hat zeigen wollen, daß der Name „Schwan von Pesaro," den man ihm ertheilt, ganz unpassend sei. Die Schwäne singen am Ende ihres Lebens, Rossini aber hat in der Mitte des Lebens zu singen aufgehört. Und ich glaube, er hat wohl daran gethan und eben dadurch gezeigt, daß er ein Genie ist. Ein Künstler, welcher nur Talent hat, behält bis an sein Lebensende den Trieb, dieses Talent auszuüben, der Ehrgeiz stachelt ihn, er fühlt, daß er sich beständig vervollkommnet, und es drängt ihn, das Höchste zu erstreben. Der Genius aber hat das Höchste bereits geleistet, er ist zufrieden, er verachtet die Welt und den kleinen

Ehrgeiz, und geht nach Hause, nach Stratford am Avon wie William Shakspeare, oder promeniert sich lachend und witzelnd auf dem Boulevard des Italiens zu Paris wie Joachim Rossini. Hat der Genius keine ganz schlechte Leibeskonstitution, so lebt er in solcher Weise noch eine gute Weile fort, nachdem er seine Meisterwerke geliefert oder, wie man sich auszudrücken pflegt, nachdem er seine Mission erfüllt hat. Es ist ein Vorurtheil, wenn man meint, das Genie müsse früh sterben; ich glaube, man hat das dreißigste bis zum vierunddreißigsten Jahr als die gefährliche Zeit für die Genies bezeichnet. Wie oft habe ich den armen Bellini damit geneckt, und ihm aus Scherz prophezeit, daß er, in seiner Eigenschaft als Genie, bald sterben müsse, indem er das gefährliche Alter erreiche. Sonderbar! trotz des scherzenden Tones ängstigte er sich doch ob dieser Prophezeiung, er nannte mich seinen Jettatore und machte immer das Jettatorezeichen ... Er wollte so gern leben bleiben, er hatte eine fast leidenschaftliche Abneigung gegen den Tod, er wollte Nichts vom Sterben hören, er fürchtete sich davor wie ein Kind, das sich fürchtet im Dunkeln zu schlafen ... Er war ein gutes, liebes Kind, manchmal etwas unartig, aber dann brauchte man ihm nur mit seinem baldigen Tode zu drohen, und er ward dann gleich kleinlaut und bittend und machte mit den zwei erhobenen Fingern das Zettatorezeichen . . . Armer Bellini!

Sie haben ihn also persönlich gekannt? War er hübsch?

Er war nicht häßlich. Sie sehen, auch wir Männer können nicht bejahend antworten, wenn man uns über Jemand von unserem Geschlechte eine solche Frage vorlegt. Es war eine hoch aufgeschossene, schlanke Gestalt, die sich zierlich, ich möchte sagen kokett, bewegte; immer à quatre épingles; ein regelmäßiges Gesicht, länglich, blaßrosig; hellblondes, fast goldiges Haar, in dünnen Löckchen frisiert; hohe, sehr hohe, edle Stirn; grade Nase; bleiche, blaue Augen; schöngemessener Mund; rundes Kinn. Seine Züge hatten etwas Vages, Charakterloses, Etwas wie Milch, und in diesem Milchgesichte quirlte manchmal süßsäuerlich ein Ausdruck von Schmerz. Dieser Ausdruck von Schmerz ersetzte in Bellini's Gesichte den mangelnden Geist; aber es war ein Schmerz ohne Tiefe; er flimmerte poesielos in den Augen, er zuckte leidenschaftslos um die Lippen des Mannes. Diesen flachen, matten Schmerz schien der junge Maestro in seiner ganzen Gestalt veranschaulichen zu wollen. So schwärmerisch wehmüthig waren seine Haare frisiert, die

Kleider saßen ihm so schmachtend an dem zarten Leibe, er trug sein spanisches Röhrchen so idyllisch, daß er mich immer an die jungen Schäfer erinnerte, die wir in unseren Schäferspielen mit bebänderten Stäben und hellfarbigen Jäckchen und Höschen minaudieren sehen. Und sein Gang war so jungfräulich, so elegisch, so ätherisch. Der ganze Mensch sah aus wie ein Seufzer en escarpins. Er hat bei den Frauen vielen Beifall gefunden, aber ich zweifle, ob er irgendwo eine starke Leidenschaft geweckt hat. Für mich selber hatte seine Erscheinung immer etwas spaßhaft Ungenießbares, dessen Grund wohl zunächst in seinem Französischsprechen zu finden war. Obgleich Bellini schon mehrere Jahre in Frankreich gelebt, sprach er doch das Französische so schlecht, wie es vielleicht kaum in England gesprochen werden kann. Ich sollte dieses Sprechen nicht mit dem Beiwort „schlecht" bezeichnen; schlecht ist hier viel zu gut. Man muß entsetzlich sagen, blutschänderisch, weltuntergangsmäßig. Ja, wenn man mit ihm in Gesellschaft war, und er die armen französischen Worte wie ein Henker radebrach, und unerschütterlich seine kolossalen coq-à-l'âne auskramte, so meinte man manchmal, die Welt müsse mit einem Donnergekrache untergehen ... Eine Leichenstille herrschte dann im ganzen

Saale; Todesschreck malte sich auf allen Gesichtern, mit Kreidefarbe oder mit Zinnober; die Frauen wussten nicht, ob sie in Ohnmacht fallen oder entfliehen sollten; die Männer sahen bestürzt nach ihren Beinkleidern, um sich zu überzeugen, dass sie wirklich dergleichen trugen; und was das Furchtbarste war, dieser Schreck erregte zu gleicher Zeit eine konvulsive Lachlust, die sich kaum verbeißen ließ. Wenn man daher mit Bellini in Gesellschaft war, musste seine Nähe immer eine gewisse Angst einflößen, die durch einen grauenhaften Reiz zugleich abstoßend und anziehend war. Manchmal waren seine unwillkürlichen Calembours bloß belustigender Art, und in ihrer possierlichen Abgeschmacktheit erinnerten sie an das Schloss seines Landsmannes, des Prinzen von Pallagonien, welches Goethe in seiner italiänischen Reise als ein Museum von barocken Verzerrtheiten und ungereimt zusammengekoppelten Missgestalten schildert. Da Bellini bei solchen Gelegenheiten immer etwas ganz Harmloses und ganz Ernsthaftes gesagt zu haben glaubte, so bildete sein Gesicht mit seinem Worte eben den allertollsten Kontrast. Das, was mir an seinem Gesichte missfallen konnte, trat dann um so schneidender hervor. Das, was mir da missfiel, war aber nicht von der Art, dass es just als ein Mangel

bezeichnet werden könnte, und am wenigsten mag
es wohl den Damen ebenfalls unerfreusam gewesen
sein. Bellini's Gesicht, wie seine ganze Erschei=
nung, hatte jene physische Frische, jene Fleischblüthe,
jene Rosenfarbe, die auf mich einen unangenehmen
Eindruck macht, auf mich, der ich vielmehr das
Todtenhafte und das Marmorne liebe. Erst später=
hin, als ich Bellini schon lange kannte, empfand
ich für ihn einige Neigung. Dieses entstand nament=
lich, als ich bemerkte, daß sein Charakter durchaus
edel und gut war. Seine Seele ist gewiß rein und
unbefleckt geblieben von allen häßlichen Berüh=
rungen. Auch fehlte ihm nicht die harmlose Gut=
müthigkeit, das Kindliche, das wir bei genialen
Menschen nie vermissen, wenn sie auch Dergleichen
nicht für Jedermann zur Schau tragen.

Ja, ich erinnere mich — fuhr Maximilian
fort, indem er sich auf den Sessel niederließ, an
dessen Lehne er sich bis jetzt aufrecht gestützt hatte
— ich erinnere mich eines Augenblickes, wo mir
Bellini in einem so liebenswürdigen Lichte erschien,
daß ich ihn mit Vergnügen betrachtete und mir
vornahm, ihn näher kennen zu lernen. Aber es
war leider der letzte Augenblick, wo ich ihn in die=
sem Leben sehen sollte. Dieses war eines Abends,
nachdem wir im Hause einer großen Dame, die

den kleinsten Fuß in Paris hat, mit einander gespeist und sehr heiter geworden, und am Fortepiano die süßesten Melodieen erklangen... Ich sehe ihn noch immer, den guten Bellini, wie er endlich, erschöpft von den vielen tollen Bellinismen, die er geschwatzt, sich auf einen Sessel niederließ... Dieser Sessel war sehr niedrig, fast wie ein Bänkchen, so daß Bellini dadurch gleichsam zu den Füßen einer schönen Dame zu sitzen kam, die sich ihm gegenüber auf ein Sofa hingestreckt hatte und mit süßer Schadenfreude auf Bellini hinabsah, während Dieser sich abarbeitete, sie mit einigen französischen Redensarten zu unterhalten, und er immer in die Nothwendigkeit gerieth, Das, was er eben gesagt hatte, in seinem sicilianischen Jargon zu kommentieren, um zu beweisen, daß es keine Sottise, sondern im Gegentheil die feinste Schmeichelei gewesen sei. Ich glaube, daß die schöne Dame auf Bellini's Redensarten gar nicht viel hinhörte; sie hatte ihm sein spanisches Röhrchen, womit er seiner schwachen Rhetorik manchmal zu Hilfe kommen wollte, aus den Händen genommen, und bediente sich dessen, um den zierlichen Lockenbau an den beiden Schläfen des jungen Maestro ganz ruhig zu zerstören. Diesem muthwilligen Geschäfte galt wohl jenes Lächeln, das ihrem Gesichte einen

Ausdruck gab, wie ich ihn nie auf einem lebenden Menschenantlitz gesehen. Nie kommt mir dieses Gesicht aus dem Gedächtnisse! Es war eins jener Gesichter, die mehr dem Traumreich der Poesie als der rohen Wirklichkeit des Lebens zu gehören scheinen, Konturen, die an Da Vinci erinnern, jenes edle Oval mit den naiven Wangengrübchen und dem sentimental spitz-zulaufenden Kinn der lombardischen Schule. Die Färbung mehr römisch sanft, matter Perlenglanz, vornehme Bläße, Morbidezza. Kurz, es war ein Gesicht, wie es nur auf irgend einem altitaliänischen Portraite gefunden wird, das etwa eine von jenen großen Damen vorstellt, worin die italiänischen Künstler des sechzehnten Jahrhunderts verliebt waren, wenn sie ihre Meisterwerke schufen, woran die Dichter jener Zeit dachten, wenn sie sich unsterblich sangen, und wonach die deutschen und französischen Kriegshelden Verlangen trugen, wenn sie sich das Schwert umgürteten und thatensüchtig über die Alpen stürzten... Ja, ja, so ein Gesicht war es, worauf ein Lächeln der süßesten Schadenfreude und des vornehmsten Muthwillens spielte, während sie, die schöne Dame, mit der Spitze des spanischen Rohrs den blonden Lockenbau des guten Bellini zerstörte. In diesem Augenblick erschien mir Bellini wie berührt von einem

Zauberstäbchen, wie umgewandelt zu einer durchaus befreundeten Erscheinung, und er wurde meinem Herzen auf einmal verwandt. Sein Gesicht erglänzte im Wiederschein jenes Lächelns, es war vielleicht der blühendste Moment seines Lebens . . . Ich werde ihn nie vergessen . . . Vierzehn Tage nachher las ich in der Zeitung, daß Italien einen seiner rühmlichsten Söhne verloren!

Sonderbar! Zu gleicher Zeit wurde auch der Tod Paganini's angezeigt. An diesem Todesfall zweifelte ich keinen Augenblick, da der alte, fahle Paganini immer wie ein Sterbender aussah; doch der Tod des jungen, rosigen Bellini kam mir unglaublich vor. Und doch war die Nachricht vom Tode des Ersteren nur ein Zeitungs-Irrthum, Paganini befindet sich frisch und gesund zu Genua, und Bellini liegt im Grabe zu Paris!

Lieben Sie Paganini? frug Maria.

Dieser Mann, antwortete Maximilian, ist eine Zierde seines Vaterlandes und verdient gewiß die ausgezeichnetste Erwähnung, wenn man von den musikalischen Notabilitäten Italiens sprechen will.

Ich habe ihn nie gesehen, bemerkte Maria, aber dem Rufe nach soll sein Äußeres den Schön=

heitssinn nicht vollkommen befriedigen. Ich habe Portraite von ihm gesehen . . .

Die alle nicht ähnlich sind, fiel ihr Maximilian in die Rede; sie verhäßlichen oder verschönern ihn, nie geben sie seinen wirklichen Charakter. Ich glaube, es ist nur einem einzigen Menschen gelungen, die wahre Physiognomie Paganini's aufs Papier zu bringen; es ist ein tauber Maler, Namens Lyser, der in seiner geistreichen Tollheit mit wenigen Kreidestrichen den Kopf Paganini's so gut getroffen hat, daß man ob der Wahrheit der Zeichnung zugleich lacht und erschrickt. „Der Teufel hat mir die Hand geführt," sagte mir der taube Maler, geheimnisvoll kichernd und gutmüthig ironisch mit dem Kopfe nickend, wie er bei seinen genialen Eulenspiegeleien zu thun pflegte. Dieser Maler war immer ein wunderlicher Kauz; trotz seiner Taubheit liebte er enthusiastisch die Musik, und er soll es verstanden haben, wenn er sich nahe genug am Orchester befand, den Musikern die Musik auf dem Gesichte zu lesen, und an ihren Fingerbewegungen die mehr oder minder gelungene Exekution zu beurtheilen; auch schrieb er die Opernkritiken in einem schätzbaren Journale zu Hamburg. Was ist eigentlich da zu verwundern? In der sichtbaren Signatur des Spieles konnte der taube Maler die Töne sehen. Giebt es doch Menschen, denen die Töne selber nur unsichtbare Signaturen sind, worin sie Farben und Gestalten hören.

Ein solcher Mensch sind Sie! rief Maria.

Es ist mir leid, daß ich die kleine Zeichnung von Lyser nicht mehr besitze; sie würde Ihnen vielleicht von Paganini's Äußerem einen Begriff verleihen. Nur in grell schwarzen, flüchtigen Strichen konnten jene fabelhaften Züge erfaßt werden, die mehr dem schweflichten Schattenreich als der sonnigen Lebenswelt zu gehören scheinen. „Wahrhaftig, der Teufel hat mir die Hand geführt," betheuerte mir der taube Maler, als wir zu Hamburg vor dem Alsterpavillon standen, an dem Tage, wo Paganini dort sein erstes Koncert gab. „Ja, mein Freund," fuhr er fort, „es ist wahr, was die ganze Welt behauptet, daß er sich dem Teufel verschrieben hat, Leib und Seele, um der beste Violinist zu werden, um Millionen zu erfiedeln, und zunächst um von der verdammten Galere loszukommen, wo er schon viele Jahre geschmachtet. Denn, sehen Sie, Freund, als er zu Lucca Kapellmeister war, verliebte er sich in eine Theaterprinzessin, ward eifersüchtig auf irgend einen kleinen Abbate, ward vielleicht cocu, erstach auf gut italiänisch seine ungetreue Amata, kam auf die Galere zu Genua und, wie gesagt, verschrieb sich endlich dem Teufel, um loszukommen, um der beste Violinspieler zu werden, und um Jedem von uns diesen Abend eine Brandschatzung von zwei Thalern auferlegen zu können... Aber, sehen Sie! alle guten Geister loben Gott! sehen Sie, dort in der Allee kommt er selber mit seinem zweideutigen Famulo!"

In der That, es war Paganini selber, den ich alsbald zu Gesicht bekam. Er trug einen dunkelgrauen Oberrock, der ihm bis zu den Füßen reichte, wodurch seine Gestalt sehr hoch zu sein schien. Das lange schwarze Haar fiel in verzerrten Locken auf seine Schultern herab und bildete wie einen dunklen Rahmen um das blasse, leichenartige Gesicht, worauf Kummer, Genie und Hölle ihre unverwüstlichen Zeichen eingegraben hatten. Neben ihm tänzelte eine niedrige, behagliche Figur, putzig prosaisch: — rosig verrunzeltes Gesicht, hellgraues Röckchen mit Stahlknöpfen, unausstehlich freundlich nach allen Seiten hingrüßend, mitunter aber voll besorglicher Scheu nach der düsteren Gestalt hinaufschielend, die ihm ernst und nachdenklich zur Seite wandelte. Man glaubte das Bild von Retzsch zu sehen, wo Faust mit Wagner vor den Thoren von Leipzig spazieren geht. Der taube Maler kommentierte mir aber die beiden Gestalten in seiner tollen Weise, und machte mich besonders aufmerksam auf den gemessenen, breiten Gang des Paganini. „Ist es nicht," sagte er, „als trüge er noch immer die eiserne Querstange zwischen den Beinen? Er hat sich nun einmal diesen Gang auf immer angewöhnt. Sehen Sie auch, wie verächtlich ironisch er auf seinen Begleiter manchmal hinabschaut, wenn Dieser ihm mit seinen prosaischen Fragen lästig wird; er kann ihn aber nicht entbehren, ein blutiger Kontrakt bindet ihn an diesen Diener, der eben kein Anderer ist als Satan. Das unwissende Volk meint freilich, dieser Begleiter sei der Komödien= und Anekdoten=schreiber Harrys aus Hannover, den Paganini auf Reisen mitgenommen habe, um die Geldgeschäfte bei seinen Koncerten zu verwalten. Das Volk weiß nicht, daß der Teufel dem Herrn Georg Harrys bloß seine Gestalt abgeborgt hat, und daß die arme Seele dieses armen Menschen unterdessen neben anderem Lumpenkram in einem Kasten zu Hannover so lange eingesperrt sitzt, bis der Teufel ihr wieder ihre Fleisch=Enveloppe zurückgiebt, und er vielleicht seinen Meister Paganini in einer würdigeren Gestalt, nämlich als schwarzer Pudel, durch die Welt begleiten wird."

War mir aber Paganini, als ich ihn am hellen Mittage unter den grünen Bäumen des Hamburger

Jungfernstiegs einherwandeln sah, schon hinlänglich fabelhaft und abenteuerlich erschienen: wie mußte mich erst des Abends im Koncerte seine schauerlich bizarre Erscheinung überraschen. Das Hamburger Komödienhaus war der Schauplatz dieses Koncertes, und das kunstliebende Publikum hatte sich schon frühe und in solcher Anzahl eingefunden, daß ich kaum noch ein Plätzchen für mich am Orchester erkämpfte. Obgleich es Posttag war, erblickte ich doch in den ersten Ranglogen die ganze gebildete Handelswelt, einen ganzen Olymp von Bankiers und sonstigen Millionärs, die Götter des Kaffes und des Zuckers, nebst deren dicken Ehegöttinnen, Junonen vom Wandrahm und Aphroditen vom Dreckwall. Auch herrschte eine religiöse Stille im ganzen Saal. Jedes Auge war nach der Bühne gerichtet. Jedes Ohr rüstete sich zum Hören. Mein Nachbar, ein alter Pelzmakler, nahm seine schmutzige Baumwolle aus den Ohren, um bald die kostbaren Töne, die zwei Thaler Entréegeld kosteten, besser einsaugen zu können. Endlich aber, auf der Bühne, kam eine dunkle Gestalt zum Vorschein, die der Unterwelt entstiegen zu sein schien. Das war Paganini in seiner schwarzen Galla: der schwarze Frack und die schwarze Weste von einem entsetzlichen Zuschnitt, wie er vielleicht am Hofe Proſerpinens von der höllischen Etikette vorgeschrieben iſt; die ſchwarzen Hoſen ängſtlich ſchlotternd um die dünnen Beine. Die langen Arme ſchienen noch verlängert, indem er in der einen Hand die Violine und in der andern den Bogen geſenkt hielt und damit faſt die Erde berührte, als er vor dem Publikum ſeine unerhörten Verbeugungen auskramte. In den eckigen Krümmungen ſeines Leibes lag eine ſchauerliche Hölzernheit und zugleich etwas närriſch Thieriſches, daß uns bei dieſen Verbeugungen eine ſonderbare Lachluſt anwandeln mußte; aber ſein Geſicht, das durch die grelle Orcheſterbeleuchtung noch leichenartig weißer erſchien, hatte alsdann ſo etwas Flehendes, ſo etwas blödſinnig Demüthiges, daß ein grauenhaftes Mitleid unſere Lachluſt niederdrückte. Hat er dieſe Komplimente einem Automaten abgelernt oder einem Hunde? Iſt dieſer bittende Blick der eines Todkranken, oder lauert dahinter der Spott eines ſchlauen Geizhalſes? Iſt Das ein Lebender, der im Verſcheiden begriffen iſt und der das Publikum in der Kunſt-Arena, wie ein ſterbender Fechter, mit ſeinen Zuckungen ergötzen ſoll? Oder iſt es ein Todter, der aus dem Grabe geſtiegen, ein Vampyr mit der Violine, der uns, wo nicht das Blut aus dem Herzen, doch auf jeden Fall das Geld aus den Taſchen ſaugt?

Solche Fragen kreuzten sich in unserem Kopfe, während Paganini seine unaufhörlichen Komplimente schnitt; aber alle dergleichen Gedanken mußten stracks verstummen, als der wunderbare Meister seine Violine ans Kinn setzte und zu spielen begann. Was mich betrifft, so kennen Sie ja mein musikalisches zweites Gesicht, meine Begabnis, bei jedem Tone, den ich erklingen höre, auch die adäquate Klangfigur zu sehen; und so kam es, daß mir Paganini mit jedem Striche seines Bogens auch sichtbare Gestalten und Situationen vor die Augen brachte, daß er mir in tönender Bilderschrift allerlei grelle Geschichten erzählte, daß er vor mir gleichsam ein farbiges Schattenspiel hingaukeln ließ, worin er selber immer mit seinem Violinspiel als die Hauptperson agierte. Schon bei seinem ersten Bogenstrich hatten sich die Koulissen um ihn her verändert; er stand mit seinem Musikpult plötzlich in einem heitern Zimmer, welches lustig unordentlich dekoriert mit verschnörkelten Möbeln im Pompadourgeschmack: überall kleine Spiegel, vergoldete Amoretten, chinesisches Porzellan, ein allerliebstes Chaos von Bändern, Blumenguirlanden, weißen Handschuhen, zerrissenen Blonden, falschen Perlen, Diademen von Goldblech und sonstigem Götterflitterkram, wie man Dergleichen im Studierzimmer einer Primadonna zu finden pflegt. Paganini's Äußeres hatte sich ebenfalls, und zwar aufs allervortheilhafteste verändert; er trug kurze Beinkleider von lillafarbigem Atlas, eine silbergestickte, weiße Weste, einen Rock von hellblauem Sammet mit goldumsponnenen Knöpfen, und die sorgsam in kleinen Löckchen frisierten Haare umspielten sein Gesicht, das ganz jung und rosig blühete und von süßer Zärtlichkeit erglänzte, wenn er nach dem hübschen Dämchen hinäugelte, das neben ihm am Notenpult stand, während er Violine spielte.

In der That, an seiner Seite erblickte ich ein hübsches junges Geschöpf, altmodisch gekleidet, der weiße Atlas ausgebauscht unterhalb den Hüften, die Taille um so reizender schmal, die gepuderten Haare hoch auffrisiert, das hübsch runde Gesicht um so freier hervorglänzend mit seinen blitzenden Augen, mit seinen geschminkten Wänglein, Schönpfläſterchen und impertinent süßem Näschen. In der Hand trug sie eine weiße Papierrolle, und sowohl nach ihren Lippenbewegungen, als nach dem kokettierenden Hin- und Herwiegen ihres Oberleibchens zu schließen, schien sie zu singen; aber vernehmlich ward mir kein einziger ihrer Triller, und nur aus dem Violinspiel, womit der junge Paganini das holde Kind begleitete, errieth ich, was sie sang und was er selber während ihres Singens in der Seele fühlte. O, das waren Melodieen, wie die Nachtigall sie flötet in der Abenddämmerung, wenn der Duft der Rose ihr das ahnende Frühlingsherz mit Sehnsucht berauscht! O, das war eine schmelzende, wollüstig hinschmachtende Seligkeit! Das waren Töne, die sich küßten, dann schmollend einander flohen, und endlich wieder lachend sich umschlangen und eins wurden, und in trunkener Einheit dahinstarben. Ja, die Töne trieben ein heiteres Spiel, wie Schmetterlinge, wenn einer dem anderen neckend ausweicht, sich hinter eine Blume verbirgt, endlich erhascht wird, und dann mit dem anderen, leichtsinnig beglückt, im goldnen Sonnenlichte hinaufflattert. Aber eine Spinne, eine Spinne kann solchen verliebten Schmetterlingen mal plötzlich ein tragisches Schicksal bereiten. Ahnte Dergleichen das junge Herz? Ein wehmüthig seufzender Ton, wie Vorgefühl eines heranschleichenden Unglücks, glitt leise durch die entzücktesten Melodieen, die aus Paganini's Violine hervorstrahlten ... Seine Augen werden feucht ... Anbetend kniet er nieder vor seiner Amata ... Aber ach! indem er sich beugt, um ihre Füße zu küssen, erblickt er unter dem Bette einen kleinen Abbate! Ich weiß nicht, was er gegen den armen Menschen haben mochte, aber der Genueser wurde blaß wie der Tod, er erfaßt den Kleinen mit wüthenden Händen, giebt ihm diverse Ohrfeigen, sowie auch eine beträchtliche Anzahl Fußtritte, schmeißt ihn gar zur Thür hinaus, zieht alsdann ein langes Stilett aus der Tasche und stößt es in die Brust der jungen Schönen . . .

In diesem Augenblick aber erscholl von allen Seiten: Bravo! Bravo! Hamburg's begeisterte Männer und Frauen zollten ihren rauschendsten Beifall dem großen Künstler, welcher eben die erste Abtheilung seines Koncertes beendigt hatte, und sich mit noch mehr Ecken und Krümmungen als vorher verbeugte. Auf seinem Gesichte, wollte mich bedünken, winselte ebenfalls eine noch flehsamere Demuth als vorher. In seinen Augen starrte eine grauenhafte Ängstlichkeit, wie die eines armen Sünders.

Göttlich! rief mein Nachbar, der Pelzmakler, indem er sich in den Ohren kratzte, dieses Stück war allein schon zwei Thaler werth.

Als Paganini aufs Neue zu spielen begann, ward es mir düster vor den Augen. Die Töne verwandelten sich nicht in helle Formen und Farben; die Gestalt des Meisters umhüllte sich vielmehr in finstere Schatten, aus deren Dunkel seine

Muſik mit den ſchneidendſten Jammertönen hervor=
klagte. Nur manchmal, wenn eine kleine Lampe,
die über ihm hing, ihr kümmerliches Licht auf ihn
warf, erblickte ich ſein erbleichtes Antlitz, worauf
aber die Jugend noch immer nicht erloſchen war.
Sonderbar war ſein Anzug, geſpaltet in zwei Far=
ben, wovon die eine gelb und die andere roth. An den
Füßen laſteten ihm ſchwere Ketten. Hinter ihm be=
wegte ſich ein Geſicht, deſſen Phyſiognomie auf
eine luſtige Bocksnatur hindeutete, und lange,
haarichte Hände, die, wie es ſchien, dazu gehörten,
ſah ich zuweilen hilfreich in die Saiten der Violine
greifen, worauf Paganini ſpielte. Sie führten ihm
auch manchmal die Hand, womit er den Bogen
hielt, und ein meckerndes Beifall=Lachen accompag-
nierte dann die Töne, die immer ſchmerzlicher und
blutender aus der Violine hervorquollen. Das
waren Töne gleich dem Geſang der gefallenen
Engel, die mit den Töchtern der Erde gebuhlt
hatten und, aus dem Reiche der Seligen verwieſen,
mit ſchamglühenden Geſichtern in die Unterwelt
hinabſtiegen. Das waren Töne, in deren boden=
loſer Untiefe weder Troſt noch Hoffnung glimmte.
Wenn die Heiligen im Himmel ſolche Töne hören,
erſtirbt das Lob Gottes auf ihren verbleichenden
Lippen, und ſie verhüllen weinend ihre frommen

Häupter! Zuweilen, wenn in die melodischen Qualnisse dieses Spiels das obligate Bockslachen hineinmeckerte, erblickte ich auch im Hintergrunde eine Menge kleiner Weibsbilder, die boshaft lustig mit den häßlichen Köpfen nickten und mit den gekreuzten Fingern in neckender Schadenfreude ihre Rübchen schabten. Aus der Violine drangen alsdann Angstlaute und ein entsetzliches Seufzen und ein Schluchzen, wie man es noch nie gehört auf Erden, und wie man es vielleicht nie wieder auf Erden hören wird, es sei denn im Thale Josaphat, wenn die kolossalen Posaunen des Gerichts erklingen und die nackten Leichen aus ihren Gräbern hervorkriechen und ihres Schicksals harren . . . Aber der gequälte Violinist that plötzlich einen Strich, einen so wahnsinnig verzweifelten Strich, daß seine Ketten rasselnd entzweisprangen und sein unheimlicher Gehilfe, mitsammt den verhöhnenden Unholden, verschwanden.

In diesem Augenblicke sagte mein Nachbar, der Pelzmakler: Schade, schade, eine Saite ist ihm gesprungen. Das kommt von dem beständigen Pizzicato!

War wirklich die Saite auf der Violine gesprungen? Ich weiß nicht. Ich bemerkte nur die Transfiguration der Töne, und da schien mir

Paganini und seine Umgebung plötzlich wieder ganz
verändert. Jenen konnte ich kaum wieder erkennen
in der braunen Mönchstracht, die ihn mehr ver=
steckte als bekleidete. Das verwilderte Antlitz halb
verhüllt von der Kapuze, einen Strick um die Hüfte,
barfüßig, eine einsam trotzige Gestalt, stand Paga=
nini auf einem felsigen Vorsprunge am Meere und
spielte Violine. Es war, wie mich dünkte, die
Zeit der Dämmerung, das Abendroth überfloß die
weiten Meeresfluthen, die immer röther sich färbten
und immer feierlicher rauschten, im geheimnis=
vollsten Einklang mit den Tönen der Violine. Je
röther aber das Meer wurde, desto fahler erbleichte
der Himmel, und als endlich die wogenden Wasser
wie lauter scharlachgrelles Blut aussahen, da ward
droben der Himmel ganz gespenstischhell, ganz
leichenweiß, und groß und drohend traten daraus
hervor die Sterne ... und diese Sterne waren
schwarz, schwarz wie glänzende Steinkohlen. Aber
die Töne der Violine wurden immer stürmischer
und kecker, in den Augen des entsetzlichen Spiel=
manns funkelte eine so spöttische Zerstörungslust,
und seine dünnen Lippen bewegten sich so grauen=
haft hastig, daß es aussah, als murmelte er uralt
verruchte Zaubersprüche, womit man den Sturm
beschwört und jene bösen Geister entfesselt, die in

den Abgründen des Meeres gefangen liegen. Manch=
mal, wenn er, den nackten Arm aus dem weiten
Mönchsärmel lang mager hervorstreckend, mit dem
Fiedelbogen in den Lüften fegte, dann erschien er
erst recht wie ein Hexenmeister, der mit dem Zau=
berstabe den Elementen gebietet, und es heulte dann
wie wahnsinnig in der Meerestiefe, und die ent=
setzten Blutwellen sprangen dann so gewaltig in
die Höhe, daß sie fast die bleiche Himmelsdecke
und die schwarzen Sterne dort mit ihrem rothen
Schaume bespritzten. Das heulte, das kreischte,
das krachte, als ob die Welt in Trümmer zusam=
menbrechen wollte, und der Mönch strich immer
hartnäckiger seine Violine. Er wollte durch die
Gewalt seines rasenden Willens die sieben Siegel
brechen, womit Salomon die eisernen Töpfe ver=
siegelt, nachdem er darin die überwundenen Dä=
monen verschlossen. Jene Töpfe hat der weise
König ins Meer versenkt, und eben die Stimmen
der darin verschlossenen Geister glaubte ich zu ver=
nehmen, während Paganini's Violine ihre zornig=
sten Baßtöne grollte. Aber endlich glaubte ich gar
wie Jubel der Befreiung zu vernehmen, und aus
den rothen Blutwellen sah ich hervortauchen die
Häupter der entfesselten Dämonen: Ungethüme von
fabelhafter Häßlichkeit, Krokodile mit Fledermaus=

flügeln, Schlangen mit Hirschgeweihen, Affen bemützt mit Trichtermuscheln, Seehunde mit patriarchalisch langen Bärten, Weibergesichter mit Brüsten an der Stelle der Wangen, grüne Kamelsköpfe, Zwittergeschöpfe von unbegreiflicher Zusammensetzung, alle mit kaltklugen Augen hinglotzend und mit langen Floßtatzen hingreifend nach dem fiedelnden Mönche... Diesem aber, in dem rasenden Beschwörungseifer, fiel die Kapuze zurück, und die lockigen Haare, im Winde dahinflatternd, umringelten sein Haupt wie schwarze Schlangen.

Diese Erscheinung war so sinneverwirrend, daß ich, um nicht wahnsinnig zu werden, die Ohren mir zuhielt und die Augen schloß. Da war nun der Spuk verschwunden, und als ich wieder aufblickte, sah ich den armen Genueser in seiner gewöhnlichen Gestalt seine gewöhnlichen Komplimente schneiden, während das Publikum aufs entzückteste applaudierte.

„Das ist also das berühmte Spiel auf der G=Saite," bemerkte mein Nachbar; „ich spiele selber die Violine und weiß, was es heißt, dieses Instrument so zu bemeistern!" Zum Glück war die Pause nicht groß, sonst hätte mich der musikalische Pelzkenner gewiß in ein langes Kunstgespräch eingemufft. Paganini setzte wieder ruhig seine Violine ans Kinn, und mit dem ersten Strich seines Bogens begann auch wieder die wunderbare Transfiguration der Töne. Nur gestaltete sie sich nicht mehr so grellfarbig und leiblich bestimmt. Diese Töne entfalteten sich ruhig, majestätisch wogend und anschwellend, wie die eines Orgelchorals in einem Dome; und Alles umher hatte sich immer weiter und höher ausgedehnt zu einem kolossalen Raume, wie nicht das körperliche Auge, sondern nur das Auge des Geistes ihn fassen kann. In der Mitte dieses Raumes schwebte eine leuchtende Kugel, worauf riesengroß und stolzerhaben ein Mann stand, der die Violine spielte. Diese Kugel, war sie die Sonne? Ich weiß nicht. Aber in den Zügen des Mannes erkannte ich Paganini, nur idealisch verschönert, himmlisch verklärt, versöhnungsvoll lächelnd. Sein Leib blühte in kräftigster Männlichkeit, ein hellblaues Gewand umschloß die veredelten Glieder, um seine Schultern wallte in glänzenden Locken das schwarze Haar; und wie er da fest und sicher stand, ein erhabenes Götterbild, und die Violine strich, da war es, als ob die ganze Schöpfung seinen Tönen gehorchte. Er war der Mensch=Planet, um den sich das Weltall bewegte, mit gemessener Feierlichkeit und in seligen Rhythmen erklingend. Diese großen Lichter, die so ruhig glänzend um ihn her schwebten, waren es die Sterne des Himmels, und jene tönende Harmonie, die aus ihren Bewegungen entstand, war es der Sphärengesang, wovon Poeten und Seher so viel Verzückendes berichtet haben? Zuweilen, wenn ich angestrengt weit hinausschaute in die dämmernde Ferne, da glaubte ich lauter weiße wallende Gewänder zu sehen, worin kolossale Pilgrime vermummt einher wandelten, mit weißen Stäben in den Händen, und sonderbar! die goldnen Knöpfe jener Stäbe waren eben jene großen Lichter, die ich für Sterne gehalten hatte. Diese Pilgrime zogen in weiter Kreisbahn um den großen Spielmann umher, von den Tönen seiner Violine erglänzten immer heller die goldnen Knöpfe ihrer Stäbe, und die Choräle, die von ihren Lippen erschollen und die ich für Sphärengesang halten konnte, waren eigentlich nur das verhallende Echo jener Violinentöne. Eine unnennbare heilige Inbrunst wohnte in diesen Klängen, die manchmal kaum hörbar erzitterten, wie geheimnisvolles Flüstern auf dem Wasser, dann wieder süßschauerlich anschwollen, wie Waldhorntöne im Mondschein, und dann endlich mit ungezügeltem Jubel dahinbrausten, als griffen tausend Barden in die Saiten ihrer Harfen und erhüben ihre Stimmen zu einem Siegeslied. Das waren Klänge, die nie das Ohr hört, sondern nur das Herz träumen kann, wenn es des Nachts am Herzen der Geliebten ruht. Vielleicht auch begreift sie das Herz am hellen, lichten Tage, wenn es sich jauchzend versenkt in die Schönheitslinien und Ovale eines griechischen Kunstwerks...

„Oder wenn man eine Bouteille Champagner zuviel getrunken hat!" ließ sich plötzlich eine lachende Stimme vernehmen, die unseren Erzähler wie aus einem Traume weckte. Als er sich umdrehte, erblickte er den Doktor, der in Begleitung der schwarzen Deborah ganz leise ins Zimmer getreten war, um sich zu erkundigen, wie seine Medicin auf die Kranke gewirkt habe.

„Dieser Schlaf gefällt mir nicht," sprach der Doktor, indem er nach dem Sofa zeigte.

Maximilian, welcher, versunken in den Phantasmen seiner eignen Rede, gar nicht gemerkt hatte, daß Maria schon lange eingeschlafen war, biß sich verdrießlich in die Lippen.

Dieser Schlaf, fuhr der Doktor fort, verleiht ihrem Antlitz schon ganz den Charakter des Todes. Sieht es nicht schon aus wie jene weißen Masken, jene Gipsabgüsse, worin wir die Züge der Verstorbenen zu bewahren suchen.

Ich möchte wohl, flüsterte ihm Maximilian ins Ohr, von dem Gesichte unserer Freundin einen solchen Abguß aufbewahren. Sie wird auch als Leiche noch sehr schön sein.

Ich rathe Ihnen nicht dazu, entgegnete der Doktor. Solche Masken verleiden uns die Erinnerung an unsere Lieben. Wir glauben, in diesem Gipse sei noch Etwas von ihrem Leben enthalten, und was wir darin aufbewahrt haben, ist doch ganz eigentlich der Tod selbst. Regelmäßig schöne Züge bekommen hier etwas grauenhaft Starres, Verhöhnendes, Fatales, wodurch sie uns mehr erschrecken als erfreuen. Wahre Karikaturen aber sind die Gipsabgüsse von Gesichtern, deren Reiz mehr von geistiger Art war, deren Züge weniger regelmäßig als interessant gewesen; denn sobald die Grazien des Lebens darin erloschen sind, werden die wirklichen Abweichungen von den idealen Schönheitslinien nicht mehr durch geistige Reize ausgeglichen. Gemeinsam ist aber allen diesen Gipsgesichtern ein gewisser räthselhafter Zug, der uns bei längerer Betrachtung aufs unleidlichste die Seele durchfröstelt; sie sehen alle aus wie Menschen, die im Begriffe sind, einen schweren Gang zu gehen.

Wohin? frug Maximilian, als der Doktor seinen Arm ergriff und ihn aus dem Zimmer fortführte.

Zweite Nacht.

Und warum wollen Sie mich noch mit dieser häßlichen Medicin quälen, da ich ja doch so bald sterbe!

Es war Maria, welche eben, als Maximilian ins Zimmer trat, diese Worte gesprochen. Vor ihr stand der Arzt, in der einen Hand eine Medicinflasche, in der anderen einen kleinen Becher, worin ein bräunlicher Saft widerwärtig schäumte. Theuerster Freund, rief er, indem er sich zu dem Eintretenden wandte, Ihre Anwesenheit ist mir jetzt sehr lieb. Suchen Sie doch Signora dahin zu bewegen, daß sie nur diese wenigen Tropfen einschlürft; ich habe Eile.

Ich bitte Sie, Maria! flüsterte Maximilian mit jener weichen Stimme, die man nicht sehr oft an ihm bemerkt hat, und die aus einem so wunden

Herzen zu kommen schien, daß die Kranke, sonderbar gerührt, fast ihres eigenen Leides vergessend, den Becher in die Hand nahm; ehe sie ihn aber zum Munde führte, sprach sie lächelnd: Nicht wahr, zur Belohnung erzählen Sie mir dann auch die Geschichte von der Laurentia?

Alles, was Sie wünschen, soll geschehen! nickte Maximilian.

Die blasse Frau trank alsbald den Inhalt des Bechers, halb lächelnd, halb schaudernd.

Ich habe Eile, sprach der Arzt, indem er seine schwarzen Handschuhe anzog. Legen Sie sich ruhig nieder, Signora, und bewegen Sie sich so wenig als möglich. Ich habe Eile.

Begleitet von der schwarzen Deborah, die ihm leuchtete, verließ er das Gemach. — Als nun die beiden Freunde allein waren, sahen sie sich lange schweigend an. In Beider Seele wurden Gedanken laut, die Eins dem Anderen zu verhehlen suchte. Das Weib aber ergriff plötzlich die Hand des Mannes und bedeckte sie mit glühenden Küssen.

Um Gotteswillen, sprach Maximilian, bewegen Sie sich nicht so gewaltsam und legen Sie sich wieder ruhig aufs Sofa.

Als Maria diesen Wunsch erfüllte, bedeckte er ihre Füße sehr sorgsam mit dem Shawl, den er vorher mit seinen Lippen berührt hatte. Sie mochte es wohl bemerkt haben, denn sie zwinkte vergnügt mit den Augen wie ein glückliches Kind.

War Mademoiselle Laurence sehr schön?

Wenn Sie mich nie unterbrechen wollen, theure Freundin, und mir angeloben, ganz schweigsam und ruhig zuzuhören, so will ich Alles, was Sie zu wissen begehren, umständlich berichten.

Dem bejahenden Blicke Maria's mit Freundlichkeit zulächelnd, setzte sich Maximilian auf den Sessel, der vor dem Sofa stand, und begann folgendermaßen seine Erzählung:

Es sind nun acht Jahre, daß ich nach London reiste, um die Sprache und das Volk dort kennen zu lernen. Hol' der Teufel das Volk mitsammt seiner Sprache! Da nehmen sie ein Dutzend einsilbiger Worte ins Maul, kauen sie, knatschen sie, spucken sie wieder aus, und Das nennen sie Sprechen. Zum Glück sind sie ihrer Natur nach ziemlich schweigsam, und obgleich sie uns immer mit aufgesperrtem Maule ansehen, so verschonen sie uns jedoch mit langen Konversationen. Aber wehe uns, wenn wir einem Sohne Albions in die Hände fallen, der die große Tour gemacht und auf dem Kontinente Französisch gelernt hat. Dieser will dann die Gelegenheit benutzen, die erlangten Sprach=

kenntnisse zu üben, und überschüttet uns mit Fragen über alle möglichen Gegenstände, und kaum hat man die eine Frage beantwortet, so kommt er mit einer neuen herangezogen, entweder über Alter oder Heimat oder Dauer unseres Aufenthalts, und mit diesem unaufhörlichen Inquirieren glaubt er uns aufs allerbeste zu unterhalten. Einer meiner Freunde in Paris hatte vielleicht Recht, als er behauptete, daß die Engländer ihre französische Konversation auf dem Bureau des passeports erlernen. Am nützlichsten ist ihre Unterhaltung bei Tische, wenn sie ihre kolossalen Rostbeefe tranchieren und mit den ernsthaftesten Mienen uns abfragen, welch ein Stück wir verlangen, ob stark oder schwach gebraten, ob aus der Mitte oder aus der braunen Rinde, ob fett oder mager. Diese Rostbeefe und ihre Hammelbraten sind aber auch Alles, was sie Gutes haben. Der Himmel bewahre jeden Christenmensch vor ihren Saucen, die aus $1/3$ Mehl und $2/3$ Butter, oder, je nachdem die Mischung eine Abwechselung bezweckt, aus $1/3$ Butter und $2/3$ Mehl bestehen. Der Himmel bewahre auch Jeden vor ihren naiven Gemüsen, die sie in Wasser abgekocht, ganz wie Gott sie erschaffen hat, auf den Tisch bringen. Entsetzlicher noch als die Küche der Engländer sind ihre Toaste und ihre obligaten Standreden, wenn das Tischtuch aufgehoben wird und die Damen sich von der Tafel wegbegeben, und statt ihrer eben so viele Bouteillen Portwein aufgetragen werden . . . denn durch letztere glauben sie die Abwesenheit des schönen Geschlechtes aufs beste zu ersetzen. Ich sage des schönen Geschlechtes, denn die Engländerinnen verdienen diesen Namen. Es sind schöne, weiße, schlanke Leiber. Nur der allzubreite Raum zwischen der Nase und dem Munde, der bei ihnen eben so häufig wie bei den englischen Männern gefunden wird, hat mir oft in England die schönsten Gesichter verleidet. Diese Abweichung von dem Typus des Schönen wirkt auf mich noch fataler, wenn ich die Engländer hier in Italien sehe, wo ihre kärglich gemessenen Nasen und die breite Fleischfläche, die sich darunter bis zum Maule erstreckt, einen desto schrofferen Kontrast bildet mit den Gesichtern der Italiäner, deren Züge mehr von antiker Regelmäßigkeit sind, und deren Nasen, entweder römisch gebogen oder griechisch gesenkt, nicht selten ins Allzulängliche ausarten. Sehr richtig ist die Bemerkung eines deutschen Reisenden, daß die Engländer, wenn sie hier unter den Italiänern wandeln, Alle wie Statuen aussehen, denen man die Nasenspitze abgeschlagen hat.

Ja, wenn man den Engländern in einem fremden Lande begegnet, kann man durch den Kontrast ihre Mängel erst recht grell hervortreten sehen. Es sind die Götter der Langeweile, die in blank lackirten Wagen mit Extrapost durch alle Länder jagen, und überall eine graue Staubwolke von Traurigkeit hinter sich lassen. Dazu kommt ihre Neugier ohne Interesse, ihre geputzte Plumpheit, ihre freche Blödigkeit, ihr eckiger Egoismus, und ihre öde Freude an allen melancholischen Gegenständen. Schon seit drei Wochen sieht man hier auf der Piazza del Gran Duca alle Tage einen Engländer, welcher stundenlang mit offenem Maule jenem Charlatane zuschaut, der dort, zu Pferde sitzend, den Leuten die Zähne ausreißt. Dieses Schauspiel soll den edlen Sohn Albions vielleicht schadlos halten für die Exekutionen, die er in seinem theuern Vaterlande versäumt... Denn nächst Boxen und Hahnenkampf giebt es für einen Britten keinen köstlicheren Anblick, als die Agonie eines armen Teufels, der ein Schaf gestohlen oder eine Handschrift nachgeahmt hat, und vor der Façade von Old-Bahlie eine Stunde lang mit einem Strick um den Hals ausgestellt wird, ehe man ihn in die Ewigkeit schleudert. Es ist keine Übertreibung, wenn ich sage, daß Schafdiebstahl und Fälschung in jenem häßlich grausamen Lande gleich den abscheulichsten Verbrechen, gleich Vatermord und Blutschande, bestraft werden. Ich selber, den ein trister Zufall vorbeiführte, ich sah in London einen Menschen hängen, weil er ein Schaf gestohlen, und seitdem verlor ich alle Freude an Hammelbraten; das Fett erinnert mich immer an die weiße Mütze des armen Sünders. Neben ihm ward ein Irländer gehenkt, der die Handschrift eines reichen Bankiers nachgeahmt; noch immer sehe ich die naive Todesangst des armen Paddy, welcher vor den Assisen nicht begreifen konnte, daß man ihn einer nachgeahmten Handschrift wegen so hart bestrafe, ihn, der doch jedem Menschenkind erlaube, seine eigne Handschrift nachzuahmen! Und dieses Volk spricht beständig von Christenthum, und versäumt des Sonntags keine Kirche, und überschwemmt die ganze Welt mit Bibeln.

Ich will es Ihnen gestehen, Maria, wenn mir in England Nichts munden wollte, weder Menschen noch Küche, so lag auch wohl zum Theile der Grund in mir selber. Ich hatte einen guten Vorrath von Mißlaune mit hinübergebracht aus der Heimat, und ich suchte Erheiterung bei einem Volke, das selber nur im Strudel der politischen und merkantilischen Thätigkeit seine Langeweile zu tödten weiß. Die Vollkommenheit der Maschinen, die hier überall angewendet werden, und so viele menschliche Verrichtungen übernommen, hatte ebenfalls für mich etwas Unheimliches; dieses künstliche Getriebe von Rädern, Stangen, Cylindern und tausenderlei kleinen Häkchen, Stiftchen und Zähnchen, die sich fast leidenschaftlich bewegen, erfüllte mich mit Grauen. Das Bestimmte, das Genaue, das Ausgemessene und die Pünktlichkeit im Leben der Engländer beängstigte mich nicht minder; denn gleichwie die Maschinen in England uns wie Menschen vorkommen, so erscheinen uns dort die Menschen wie Maschinen. Ja, Holz, Eisen und Messing scheinen dort den Geist des Menschen usurpiert zu haben und vor Geistesfülle fast wahnsinnig geworden zu sein, während der entgeistete Mensch als ein hohles Gespenst ganz maschinenmäßig seine Gewohnheitsgeschäfte verrichtet, zur bestimmten Minute Beefstäke frißt, Parlamentsreden hält, seine Nägel bürstet, in die Stage-Coach steigt oder sich aufhängt.

Wie mein Mißbehagen in diesem Lande sich täglich steigerte, können Sie sich wohl vorstellen. Nichts aber gleicht der schwarzen Stimmung, die mich einst befiel, als ich gegen Abendzeit auf der Waterloo-Brücke stand und in die Wasser der

Themse hineinblickte. Mir war, als spiegelte sich darin meine Seele, als schaute sie mir aus dem Wasser entgegen mit allen ihren Wundenmalen... Dabei kamen mir die kummervollsten Geschichten ins Gedächtnis... Ich dachte an die Rose, die immer mit Essig begossen worden und dadurch ihre süßesten Düfte einbüßte und frühzeitig verwelkte ... Ich dachte an den verirrten Schmetterling, den ein Naturforscher, der den Montblanc bestieg, dort ganz einsam zwischen den Eiswänden umherflattern sah... Ich dachte an die zahme Äffin, die mit den Menschen so vertraut war, mit ihnen spielte, mit ihnen speiste, aber einst bei Tische in dem Braten, der in der Schüssel lag, ihr eignes junges Äffchen erkannte, es hastig ergriff, damit in den Wald eilte, und sich nie mehr unter ihren Freunden, den Menschen, sehen ließ ... Ach, mir ward so weh zu Muthe, daß mir gewaltsam die heißen Tropfen aus den Augen stürzten ... Sie fielen hinab in die Themse und schwammen fort ins große Meer, das schon so manche Menschenthräne verschluckt hat, ohne es zu merken!

In diesem Augenblick geschah es, daß eine sonderbare Musik mich aus meinen dunklen Träumen weckte, und als ich mich umsah, bemerkte ich am Ufer einen Haufen Menschen, die um irgend ein ergötzliches Schauspiel einen Kreis gebildet zu haben schienen. Ich trat näher und erblickte eine Künstlerfamilie, welche aus folgenden vier Personen bestand:

Erstens eine kleine untersetzte Frau, die ganz schwarz gekleidet war, einen sehr kleinen Kopf und einen mächtig dick hervortretenden Bauch hatte. Über diesen Bauch hing ihr eine ungeheuer große Trommel, worauf sie ganz unbarmherzig lostrommelte.

Zweitens ein Zwerg, der wie ein altfranzösischer Marquis ein brodiertes Kleid trug, einen großen gepuderten Kopf, aber übrigens sehr dünne, winzige Gliedmaßen hatte, und hin und her tänzelnd den Triangel schlug.

Drittens ein etwa fünfzehnjähriges junges Mädchen, welches eine kurze, enganliegende Jacke von blaugestreifter Seide und weite, ebenfalls blaugestreifte Pantalons trug. Es war eine luftig gebaute, anmuthige Gestalt. Das Gesicht griechisch schön. Edel grade Nase, lieblich geschürzte Lippen, träumerisch weich gerundetes Kinn, die Farbe sonnig gelb, die Haare glänzend schwarz um die Schläfen gewunden: so stand sie, schlank und ernsthaft, ja misslaunig, und schaute auf die vierte Person der Gesellschaft, welche eben ihre Kunststücke producierte.

Diese vierte Person war ein gelehrter Hund, ein sehr hoffnungsvoller Pudel, und er hatte eben zur höchsten Freude des englischen Publikums aus den Holzbuchstaben, die man ihm vorgelegt, den Namen des Lord Wellington zusammengesetzt und ein sehr schmeichelhaftes Beiwort, nämlich Heros, hinzugefügt. Da der Hund, was man schon seinem geistreichen Äußern anmerken konnte, kein englisches Vieh war, sondern nebst den anderen drei Personen aus Frankreich hinübergekommen, so freuten sich Albions Söhne, daß ihr großer Feldherr wenigstens bei französischen Hunden jene Anerkennung erlangt habe, die ihm von den übrigen Kreaturen Frank=
reichs so schmählich versagt wird.

In der That, diese Gesellschaft bestand aus Franzosen, und der Zwerg, welcher sich hiernächst als Monsieur Türlütü ankündigte, fing an in fran=
zösischer Sprache und mit so leidenschaftlichen Gesten zu bramarbasieren, daß die armen Engländer noch weiter als gewöhnlich ihre Mäuler und Nasen auf=
sperrten. Manchmal nach einer langen Phrase krähte er wie ein Hahn, und diese Kikerikis, sowie auch die Namen von vielen Kaisern, Königen und Für=
sten, die er seiner Rede einmischte, waren wohl das Einzige, was die armen Zuschauer verstanden. Jene Kaiser, Könige und Fürsten rühmte er näm=

lich als seine Gönner und Freunde. Schon als
Knabe von acht Jahren, wie er versicherte, hatte
er eine lange Unterredung mit der höchstseligen
Majestät Ludwig XVI., welcher auch späterhin bei
wichtigen Gelegenheiten ihn immer um Rath fragte.
Den Stürmen der Revolution war er, wie so viele
Andere, durch die Flucht entgangen, und erst unter
dem Kaiserthum war er ins geliebte Vaterland
zurückgekehrt, um theilzunehmen an dem Ruhme der
großen Nation. Napoleon, sagte er, habe ihn nie
geliebt, dagegen von Seiner Heiligkeit dem Papste
Pius VII. sei er fast vergöttert worden. Der
Kaiser Alexander gab ihm Bonbons, und die Prin=
zessin Wilhelm von Kyritz nahm ihn immer auf
den Schoß. Seine Durchlaucht der Herzog Karl
von Braunschweig ließ ihn manchmal auf seinen
Hunden umherreiten, und Seine Majestät der
König Ludwig von Baiern hatte ihm seine erhabenen
Gedichte vorgelesen. Die Fürsten von Reuß=Schleiz=
Kreuz und von Schwarzburg=Sondershausen liebten
ihn wie einen Bruder, und hatten immer aus der=
selben Pfeife mit ihm geraucht. Ja, von Kindheit
auf, sagte er, habe er unter lauter Souveränen
gelebt, die jetzigen Monarchen seien gleichsam mit
ihm aufgewachsen, und er betrachte sie wie Seines=
gleichen, und er lege auch jedes Mal Trauer an,

wenn Einer von ihnen das Zeitliche segne. Nach diesen gravitätischen Worten krähte er wie ein Hahn.

Monsieur Türlütü war in der That einer der kuriosesten Zwerge, die ich je gesehen; sein verrunzelt altes Gesicht bildete einen so putzigen Kontrast mit seinem kindisch schmalen Leibchen, und seine ganze Person kontrastierte wieder so putzig mit den Kunststücken, die er producierte. Er warf sich nämlich in die keckften Posituren, und mit einem unmenschlich langen Rappiere durchstach er die Luft die Kreuz und die Quer, während er beständig bei seiner Ehre schwur, daß diese Quarte oder jene Terze von Niemanden zu parieren sei, daß hingegen seine Parade von keinem sterblichen Menschen durchgeschlagen werden könne, und daß er Jeden im Publikum auffordere, sich mit ihm in der edlen Fechtkunst zu messen. Nachdem der Zwerg dieses Spiel einige Zeit getrieben und Niemanden gefunden hatte, der sich zu einem öffentlichen Zweikampfe mit ihm entschließen wollte, verbeugte er sich mit altfranzösischer Grazie, dankte für den Beifall, den man ihm gespendet, und nahm sich die Freiheit, einem hochzuverehrenden Publiko das außerordentlichste Schauspiel anzukündigen, das jemals auf englischem Boden bewundert worden. „Sehen Sie, diese Person" — rief er, nachdem er schmutzige

Glacéhandschuh angezogen und das junge Mädchen, das zur Gesellschaft gehörte, mit ehrfurchtsvoller Galanterie bis in die Mitte des Kreises geführt — „diese Person ist Mademoiselle Laurence, die einzige Tochter der ehrbaren und christlichen Dame, die Sie dort mit der großen Trommel sehen, und die jetzt noch Trauer trägt wegen des Verlustes ihres innigstgeliebten Gatten, des größten Bauchredners Europas! Mademoiselle Laurence wird jetzt tanzen! Bewundern Sie jetzt den Tanz von Mademoiselle Laurence!" Nach diesen Worten krähte er wieder wie ein Hahn.

Das junge Mädchen schien weder auf diese Reden, noch auf die Blicke der Zuschauer im mindesten zu achten; verdrießlich in sich selbst versunken harrte sie, bis der Zwerg einen großen Teppich zu ihren Füßen ausgebreitet und wieder in Begleitung der großen Trommel seinen Triangel zu spielen begann. Es war eine sonderbare Musik, eine Mischung von täppischer Brummigkeit und wollüstigem Gekitzel, und ich vernahm eine pathetisch närrische, wehmüthig freche, bizarre Melodie, die dennoch von der sonderbarsten Einfachheit. Dieser Musik aber vergaß ich bald, als das junge Mädchen zu tanzen begann.

Tanz und Tänzerin nahmen fast gewaltsam meine ganze Aufmerksamkeit in Anspruch. Das war nicht das klassische Tanzen, das wir noch in unseren großen Balletten finden, wo, ebenso wie in der klassischen Tragödie, nur gespreizte Einheiten und Künstlichkeiten herrschen; Das waren nicht jene getanzten Alexandriner, jene deklamatorischen Sprünge, jene antithetischen Entrechats, jene edle Leidenschaft, die so wirbelnd auf einem Fuße herumpirouettiert, daß man Nichts sieht als Himmel und Trikot, Nichts als Idealität und Lüge! Es ist mir wahrlich Nichts so sehr zuwider wie das Ballett in der großen Oper zu Paris, wo sich die Tradition jenes klassischen Tanzens am reinsten erhalten hat, während die Franzosen in den übrigen Künsten, in der Poesie, in der Musik und in der Malerei, das klassische System umgestürzt haben. Es wird ihnen aber schwer werden, eine ähnliche Revolution in der Tanzkunst zu vollbringen; es sei denn, daß sie hier wieder, wie in ihrer politischen Revolution, zum Terrorismus ihre Zuflucht nehmen, und den verstockten Tänzern und Tänzerinnen des alten Regimes die Beine guillotinieren. Mademoiselle Laurence war keine große Tänzerin, ihre Fußspitzen waren nicht sehr biegsam, ihre Beine waren nicht geübt zu allen möglichen Verrenkungen, sie

verstand Nichts von der Tanzkunst, wie sie Vestris
lehrt, aber sie tanzte wie die Natur den Menschen
zu tanzen gebietet: ihr ganzes Wesen war im Ein=
klange mit ihren Pas, nicht bloß ihre Füße, son=
dern ihr ganzer Leib tanzte, ihr Gesicht tanzte...
sie wurde manchmal blaß, fast todtenblaß, ihre
Augen öffneten sich gespenstisch weit, um ihre Lippen
zuckten Begier und Schmerz, und ihre schwarzen
Haare, die in glatten Ovalen ihre Schläfen um=
schlossen, bewegten sich wie zwei flatternde Raben=
flügel. Das war in der That kein klassischer Tanz,
aber auch kein romantischer Tanz, in dem Sinne
wie ein junger Franzose von der Eugène Renduel'=
schen Schule sagen würde. Dieser Tanz hatte
weder etwas Mittelalterliches, noch etwas Vene=
tianisches, noch etwas Bucklichtes, noch etwas Ma=
kabrisches, es war weder Mondschein darin, noch
Blutschande... Es war ein Tanz, welcher nicht
durch äußre Bewegungsformen zu amüsieren strebte,
sondern die äußeren Bewegungsformen schienen
Worte einer besonderen Sprache, die etwas Beson=
deres sagen wollte. Was aber sagte dieser Tanz?
Ich konnte es nicht verstehen, so leidenschaftlich auch
diese Sprache sich gebärdete. Ich ahnte nur manch=
mal, daß von etwas grauenhaft Schmerzlichem die
Rede war. Ich, der sonst die Signatur aller

Erscheinungen so leicht begreift, ich konnte dennoch dieses getanzte Räthsel nicht lösen, und daß ich immer vergeblich nach dem Sinne desselben tappte, daran war auch wohl die Musik Schuld, die mich gewiß absichtlich auf falsche Fährten leitete, mich listig zu verwirren suchte und mich immer störte. Monsieur Türlütü's Triangel kicherte manchmal so hämisch! Madame Mutter aber schlug auf ihre große Trommel so zornig, daß ihr Gesicht aus dem Gewölke der schwarzen Mütze wie ein blutrothes Nordlicht hervorglühte.

Als die Truppe sich wieder entfernt hatte, blieb ich noch lange auf demselben Platze stehen, und dachte darüber nach, was dieser Tanz bedeuten mochte. War es ein südfranzösischer oder spanischer Nationaltanz? An Dergleichen mahnte wohl der Ungestüm, womit die Tänzerin ihr Leibchen hin und her schleuderte, und die Wildheit, womit sie manchmal ihr Haupt rückwärts warf in der frevelhaft kühnen Weise jener Bacchantinnen, die wir auf den Reliefs der antiken Vasen mit Erstaunen betrachten. Ihr Tanz hatte dann etwas trunken Willenloses, etwas finster Unabwendbares, etwas Fatalistisches, sie tanzte dann wie das Schicksal. Oder waren es Fragmente einer uralten verschollenen Pantomime? Oder war es getanzte Privat=

geschichte? Manchmal beugte sich das Mädchen zur Erde wie mit lauerndem Ohre, als hörte sie eine Stimme, die zu ihr heraufspräche ... sie zitterte dann wie Espenlaub, bog rasch nach einer anderen Seite, entlud sich dort ihrer tollsten, ausgelassensten Sprünge, beugte dann wieder das Ohr zur Erde, horchte noch ängstlicher als zuvor, nickte mit dem Kopfe, ward roth, ward blaß, schauderte, blieb eine Weile kerzengrade stehen wie erstarrt, und machte endlich eine Bewegung wie Jemand, der sich die Hände wäscht. War es Blut, was sie so sorgfältig lange, so grauenhaft sorgfältig von ihren Händen abwusch? Sie warf dabei seitwärts einen Blick, der so bittend, so flehend, so seelenschmelzend ... und dieser Blick fiel zufällig auf mich.

Die ganze folgende Nacht dachte ich an diesen Blick, an diesen Tanz, an das abenteuerliche Accompagnement; und als ich des anderen Tages, wie gewöhnlich, durch die Straßen von London schlenderte, empfand ich den sehnlichsten Wunsch, der hübschen Tänzerin wieder zu begegnen, und ich spitzte immer die Ohren, ob ich nicht irgend eine Trommel- und Triangelmusik hörte. Ich hatte endlich in London Etwas gefunden, wofür ich mich interessirte, und ich wanderte nicht mehr zwecklos einher in seinen gähnenden Straßen.

Ich kam eben aus dem Tower und hatte mir dort die Axt, womit Anna Bullen geköpft worden, genau betrachtet, sowie auch die Diamanten der englischen Krone und die Löwen, als ich auf dem Towerplatze inmitten eines großen Menschenkreises wieder Madame Mutter mit der großen Trommel erblickte und Monsieur Türlütü wie einen Hahn krähen hörte. Der gelehrte Hund scharrte wieder das Heldenthum des Lord Wellington zusammen, der Zwerg zeigte wieder seine unparierbaren Terzen und Quarten, und Mademoiselle Laurence begann wieder ihren wunderbaren Tanz. Es waren wieder dieselben räthselhaften Bewegungen, dieselbe Sprache, die Etwas sagte, was ich nicht verstand, dasselbe ungestüme Zurückwerfen des schönen Kopfes, dasselbe Lauschen nach der Erde, die Angst, die sich durch immer tollere Sprünge beschwichtigen will, und wieder das Horchen mit nach dem Boden geneigtem Ohr, das Zittern, das Erblassen, das Erstarren, dann auch das furchtbar geheimnisvolle Händewaschen, und endlich der bittende, flehende Seitenblick, der diesmal noch länger auf mir verweilte.

Ja, die Weiber, die jungen Mädchen eben so gut wie die Frauen, merken es gleich, sobald sie die Aufmerksamkeit eines Mannes erregen. Obgleich

Mademoiselle Laurence, wenn sie nicht tanzte, immer regungslos verdrießlich vor sich hinsah und, während sie tanzte, manchmal nur einen einzigen Blick auf das Publikum warf, so war es von jetzt an doch nie mehr bloßer Zufall, daß dieser Blick immer auf mich fiel, und je öfter ich sie tanzen sah, desto bedeutungsvoller strahlte er, aber auch desto unbegreiflicher. Ich war wie verzaubert von diesem Blicke, und drei Wochen lang von Morgen bis Abend trieb ich mich umher in den Straßen von London, überall verweilend, wo Mademoiselle Laurence tanzte. Trotz des größten Volksgeräusches konnte ich schon in der weitesten Entfernung die Töne der Trommel und des Triangels vernehmen, und Monsieur Türlütü, sobald er mich hereneilen sah, erhub sein freundlichstes Krähen. Ohne daß ich mit ihm, noch mit Mademoiselle Laurence, noch mit Madame Mutter, noch mit dem gelehrten Hund jemals ein Wort sprach, so schien ich doch am Ende ganz zu ihrer Gesellschaft zu gehören. Wenn Monsieur Türlütü Geld einsammelte, betrug er sich immer mit dem feinsten Takt, sobald er mir nahete, und er schaute immer nach der entgegengesetzten Seite, wenn ich in sein dreieckiges Hütchen ein kleines Geldstück warf. Er besaß wirklich einen vornehmen Anstand, er erinnerte an die guten Manieren der

Vergangenheit, man konnte es dem kleinen Manne anmerken, daß er mit Monarchen aufgewachsen, und um so befremdlicher war es, wenn er zuweilen, ganz und gar seiner Würde vergessend, wie ein Hahn krähete.

Ich kann Ihnen nicht beschreiben, wie sehr ich verdrießlich wurde, als ich einst drei Tage lang vergebens die kleine Gesellschaft in allen Straßen London's gesucht, und endlich wohl merkte, daß sie die Stadt verlassen habe. Die Langeweile nahm mich wieder in ihre bleiernen Arme und preßte mir wieder das Herz zusammen. Ich konnte es endlich nicht länger aushalten, sagte ein Lebewohl dem Mob, den Blackguards, den Gentlemen und den Fashionables von England, den vier Ständen des Reichs, und reiste zurück nach dem civilisierten festen Lande, wo ich vor der weißen Schürze des ersten Kochs, dem ich dort begegnete, anbetend niederkniete. Hier konnte ich wieder einmal wie ein vernünftiger Mensch zu Mittag essen und an der Gemüthlichkeit uneigennütziger Gesichter meine Seele erquicken. Aber Mademoiselle Laurence konnte ich nimmermehr vergessen, sie tanzte lange Zeit in meinem Gedächtnisse, in einsamen Stunden mußte ich noch oft nachdenken über die räthselhaften Pantomimen des schönen Kindes, besonders über das Lauschen mit nach der Erde gebeugtem Ohre. Es dauerte auch eine gute Weile, ehe die abenteuerlichen Triangel= und Trommelmelodien in meiner Erinnerung verhallten.

Und Das ist die ganze Geschichte? schrie auf einmal Maria, indem sie sich leidenschaftlich emporrichtete.

Maximilian aber drückte sie wieder sanft nieder, legte bedeutungsvoll den Zeigefinger auf seinen Mund und flüsterte: Still! still! nur kein Wort gesprochen! liegen Sie wieder hübsch ruhig, und ich werde Ihnen den Schwanz der Geschichte erzählen. Nur bei Leibe unterbrechen Sie mich nicht.

Indem er sich noch etwas gemächlicher in seinem Sessel zurücklehnte, fuhr Maximilian folgendermaßen fort in seiner Erzählung:

Fünf Jahre nach diesem Begebnis kam ich zum ersten Male nach Paris, und zwar in einer sehr merkwürdigen Periode. Die Franzosen hatten so eben ihre Juliusrevolution aufgeführt, und die ganze Welt applaudierte. Dieses Stück war nicht so gräßlich wie die früheren Tragödien der Republik und des Kaiserreichs. Nur einige tausend Leichen blieben auf dem Schauplatz. Auch waren die politischen Romantiker nicht sehr zufrieden und kündigten ein neues Stück an, worin mehr Blut fließen würde und wo der Henker mehr zu thun bekäme.

Paris ergötzte mich sehr durch die Heiterkeit, die sich in allen Erscheinungen dort kundgiebt und auch auf ganz verdüsterte Gemüther ihren Einfluß ausübt. Sonderbar! Paris ist der Schauplatz, wo die größten Tragödien der Weltgeschichte aufgeführt werden, Tragödien, bei deren Erinnerung sogar in den entferntesten Ländern die Herzen zittern und die Augen naß werden; aber dem Zuschauer dieser großen Tragödien ergeht es hier in Paris, wie es mir einst an der Porte Saint-Martin erging, als ich die „Tour de Nesle" aufführen sah. Ich kam nämlich hinter eine Dame zu sitzen, die einen Hut von rosarother Gaze trug, und dieser Hut war so breit, daß er mir die ganze Aussicht auf die Bühne versperrte, daß ich Alles, was dort tragiert wurde, nur durch die rothe Gaze dieses Hutes sah, und daß mir also alle Greuel der „Tour de Nesle" im heitersten Rosenlichte erschienen. Ja, es giebt in Paris ein solches Rosenlicht, welches alle Tragödien für den nahen Zuschauer erheitert, damit ihm dort der Lebensgenuß nicht verleidet wird. Sogar die Schrecknisse, die man im eignen Herzen mitgebracht hat nach Paris, verlieren dort ihre beängstigenden Schauer. Die Schmerzen werden sonderbar gesänftigt. In dieser Luft von Paris heilen alle Wunden viel schneller als irgend anderswo; es ist in dieser Luft etwas so Großmüthiges, so Mildreiches, so Liebenswürdiges wie im Volke selbst.

Was mir am besten an diesem Pariser Volke gefiel, das war sein höfliches Wesen und sein vornehmes Ansehen. Süßer Ananasduft der Höflichkeit! wie wohlthätig erquicktest du meine kranke Seele, die in Deutschland so viel Tabaksqualm, Sauerkrautsgeruch und Grobheit eingeschluckt! Wie Rossini'sche Melodien erklangen in meinem Ohr die artigen Entschuldigungsreden eines Franzosen, der am Tage meiner Ankunft mich auf der Straße nur leise gestoßen hatte. Ich erschrak fast vor solcher süßen Höflichkeit, ich, der ich an deutsch flegelhafte Rippenstöße ohne Entschuldigung gewöhnt war. Während der ersten Woche meines Aufenthalts in Paris suchte ich vorsätzlich einigemal gestoßen zu werden, bloß um mich an dieser Musik der Entschuldigungsreden zu erfreuen. Aber nicht bloß wegen dieser Höflichkeit, sondern auch schon seiner Sprache wegen hatte für mich das französische Volk einen gewissen Anstrich von Vornehmheit. Denn, wie Sie wissen, bei uns im Norden gehört die französische Sprache zu den Attributen des hohen Adels, mit Französisch-sprechen hatte ich von Kindheit an die Idee der Vornehmheit verbunden. Und so eine Pariser Dame de la Halle sprach besser Französisch als eine deutsche Stiftsdame von vierundsechzig Ahnen.

Wegen dieser Sprache, die ihm ein vornehmes Ansehen verleiht, hatte das französische Volk in meinen Augen etwas allerliebst Fabelhaftes. Dieses entsprang aus einer anderen Reminiscenz meiner Kindheit. Das erste Buch nämlich, worin ich Französisch lesen lernte, waren die Fabeln von Lafontaine; die naiv vernünftigen Redensarten derselben hatten sich meinem Gedächtnisse am unauslöschlichsten eingeprägt, und als ich nun nach Paris kam und überall Französisch sprechen hörte, erinnerte ich mich beständig der Lafontaine'schen Fabeln, ich glaubte immer die wohlbekannten Thierstimmen zu hören; jetzt sprach der Löwe, dann wieder sprach der Wolf, dann das Lamm oder der Storch oder die Taube, nicht selten vermeinte ich auch den Fuchs zu vernehmen, und in meiner Erinnerung erwachten manchmal die Worte:

Eh! bonjour, monsieur du Corbeau!
Que vous êtes joli! que vous me semblez beau!

Solche fabelhafte Reminiscenzen erwachten aber in meiner Seele noch viel öfter, wenn ich zu Paris in jene höhere Region gerieth, welche man die Welt nennt. Dieses war ja eben jene Welt, die dem seligen Lafontaine die Typen seiner Thiercharaktere geliefert hatte. Die Wintersaison begann bald nach meiner Ankunft in Paris, und ich nahm Theil an dem Salonleben, worin sich jene Welt mehr oder minder lustig herumtreibt. Als das Interessanteste dieser Welt frappierte mich nicht sowohl die Gleichheit der feinen Sitten, die dort herrscht, sondern vielmehr die Verschiedenheit ihrer Bestandtheile. Manchmal, wenn ich mir in einem großen Salon die Menschen betrachtete, die sich dort friedlich versammelt, glaubte ich mich in jenen Raritätenboutiken zu befinden, wo die Reliquien aller Zeiten kunterbunt neben einander ruhen: ein griechischer Apollo neben einer chinesischen Pagode, ein mexikanischer Vizlipuzli neben einem gothischen Ecce=homo, ägyptische Götzen mit Hundköpfchen, heilige Fratzen von Holz, von Elfenbein, von Metall u. s. w. Da sah ich alte Mousquetairs, die einst mit Marie Antoinette getanzt, Republikaner von der gelinden Observanz, die in der Assemblée Nationale vergöttert wurden, Montagnards ohne Barmherzigkeit und ohne Flecken, ehemalige Direktorialmänner, die im Luxembourg gethront, Großwürdenträger des Empires, vor denen ganz Europa gezittert, herrschende

Jesuiten der Restauration, kurz lauter abgefärbte, verstümmelte Gottheiten aus allen Zeitaltern, und woran Niemand mehr glaubt. Die Namen heulen, wenn sie sich berühren, aber die Menschen sieht man friedsam und freundlich neben einander stehen, wie die Antiquitäten in den erwähnten Boutiken des Quai Voltaire. In germanischen Landen, wo die Leidenschaften weniger disciplinirbar sind, wäre ein gesellschaftliches Zusammenleben so heterogener Personen etwas ganz Unmögliches. Auch ist bei uns im kalten Norden das Bedürfnis des Sprechens nicht so stark wie im wärmeren Frankreich, wo die größten Feinde, wenn sie sich in einem Salon begegnen, nicht lange ein finsteres Stillschweigen beobachten können. Auch ist in Frankreich die Gefallsucht so groß, daß man eifrig dahin strebt, nicht bloß den Freunden, sondern auch den Feinden zu gefallen. Da ist ein beständiges Drapieren und Minaudieren, und die Weiber haben hier ihre liebe Mühe, die Männer in der Koketterie zu übertreffen; aber es gelingt ihnen dennoch.

Ich will mit dieser Bemerkung nichts Böses gemeint haben, bei Leibe nichts Böses in Betreff der französischen Frauen, und am allerwenigsten in Betreff der Pariserinnen. Bin ich doch der größte Verehrer Derselben, und ich verehre sie ihrer

Fehler wegen noch weit mehr als wegen ihrer Tugenden. Ich kenne nichts Treffenderes, als die Legende, daß die Pariserinnen mit allen möglichen Fehlern zur Welt kommen, daß aber eine holde Fee sich ihrer erbarmt und jedem ihrer Fehler einen Zauber verleiht, wodurch er sogar als ein neuer Liebreiz wirkt. Diese holde Fee ist die Grazie. Sind die Pariserinnen schön? Wer kann Das wissen! Wer kann alle Intriguen der Toilette durchschauen, wer kann entziffern, ob Das echt ist, was der Tüll verräth, oder ob Das falsch ist, was das bauschige Seidenzeug vorprahlt! Und ist es dem Auge gelungen, durch die Schale zu dringen, und sind wir eben im Begriff, den Kern zu erforschen, dann hüllt er sich gleich in eine neue Schale, und nachher wieder in eine neue, und durch diesen unaufhörlichen Modewechsel spotten sie des männlichen Scharfblicks. Sind ihre Gesichter schön? Auch Dieses wäre schwierig zu ermitteln. Denn alle ihre Gesichtszüge sind in beständiger Bewegung, jede Pariserin hat tausend Gesichter, eins lachender, geistreicher, holdseliger als das andere, und setzt Denjenigen in Verlegenheit, der darunter das schönste Gesicht auswählen oder gar das wahre Gesicht errathen will. Sind ihre Augen groß? Was weiß ich! Wir untersuchen nicht lange das Kaliber der Kanone, wenn ihre Kugel uns den Kopf entführt. Und wen sie nicht treffen, diese Augen, den blenden sie wenigstens durch ihr Feuer, und er ist froh genug, sich in sicherer Schuß= weite zu halten. Ist der Raum zwischen Nase und Mund bei ihnen breit oder schmal? Manchmal ist er breit, wenn sie die Nase rümpfen; manchmal ist er schmal, wenn ihre Oberlippe sich übermüthig bäumt. Ist ihr Mund groß oder klein? Wer kann wissen, wo der Mund aufhört und das Lächeln beginnt? Damit ein richtiges Urtheil gefällt werde, muß der Beurtheilende und der Gegenstand der Beurtheilung sich im Zustande der Ruhe befinden. Aber wer kann ruhig bei einer Pariserin sein und welche Pariserin ist jemals ruhig? Es giebt Leute, welche glauben, sie könnten den Schmetterling ganz genau betrachten, wenn sie ihn mit einer Nadel aufs Papier festgestochen haben. Das ist eben so thöricht wie grausam. Der angeheftete, ruhige Schmetterling ist kein Schmetterling mehr. Den Schmetterling muß man betrachten, wenn er um die Blumen gaukelt . . . und die Pariserin muß man betrachten, nicht in ihrer Häuslichkeit, wo sie mit der Nadel in der Brust befestigt ist, sondern im Salon, bei Soiréen und Bällen, wenn sie mit den gestickten Gaze= und Seidenflügeln dahinflattert unter den blitzenden Kryftallkronen der Freude!

Dann offenbart sich bei ihnen eine hastige Lebenssucht, eine Begier nach süßer Betäubung, ein Lechzen nach Trunkenheit, wodurch sie fast grauenhaft verschönert werden und einen Reiz gewinnen, der unsere Seele zugleich entzückt und erschüttert.

Dieser Durst, das Leben zu genießen, als wenn in der nächsten Stunde der Tod sie schon abriefe von der sprudelnden Quelle des Genusses, oder als wenn diese Quelle in der nächsten Stunde schon versiegt sein würde, diese Hast, diese Wuth, dieser Wahnsinn der Pariserinnen, wie er sich besonders auf Bällen zeigt, mahnt mich immer an die Sage von den todten Tänzerinnen, die man bei uns die Willis nennt. Diese sind nämlich junge Bräute, die vor dem Hochzeittage gestorben sind, aber die unbefriedigte Tanzlust so gewaltig im Herzen bewahrt haben, daß sie nächtlich aus ihren Gräbern hervorsteigen, sich scharenweis an den Landstraßen versammeln, und sich dort während der Mitternachtsstunde den wildesten Tänzen überlassen. Geschmückt mit ihren Hochzeitkleidern, Blumenkränze auf den Häuptern, funkelnde Ringe an den bleichen Händen, schauerlich lachend, unwiderstehlich schön, tanzen die Willis im Mondschein, und sie tanzen immer um so tobsüchtiger und ungestümer, je mehr sie fühlen, daß die vergönnte Tanzstunde zu Ende rinnt, und sie wieder hinabsteigen müssen in die Eiskälte des Grabes.

Es war auf einer Soirée in der Chaussée d'Antin, wo mir diese Betrachtung recht tief die Seele bewegte. Es war eine glänzende Soirée, und Nichts fehlte an den herkömmlichen Ingredienzen des gesellschaftlichen Vergnügens: genug Licht um beleuchtet zu werden, genug Spiegel um sich betrachten zu können, genug Menschen um sich heiß zu drängen, genug Zuckerwasser und Eis um sich abzukühlen. Man begann mit Musik. Franz Lißt hatte sich ans Fortepiano drängen lassen, strich seine Haare aufwärts über die geniale Stirn, und lieferte eine seiner brillantesten Schlachten. Die Tasten schienen zu bluten. Wenn ich nicht irre, spielte er eine Passage aus den Palingenesieen von Ballanche, dessen Ideen er in Musik übersetzte, was sehr nützlich für Diejenigen, welche die Werke dieses berühmten Schriftstellers nicht im Originale lesen können. Nachher spielte er den Gang nach der Hinrichtung, la marche au supplice, von Berlioz, das treffliche Stück, welches dieser junge Musiker, wenn ich nicht irre, am Morgen seines Hochzeitstages komponiert hat. Im ganzen Saale erblassende Gesichter, wogende Busen, leises Athmen während der Pausen, endlich tobender

Beifall. Die Weiber sind immer wie berauscht, wenn Lizt ihnen Etwas vorgespielt hat. Mit tollerer Freude überließen sie sich jetzt dem Tanz, die Willis des Salon, und ich hatte Mühe, mich aus dem Getümmel in ein Nebenzimmer zu retten. Hier wurde gespielt, und auf großen Sesseln ruheten einige Damen, die den Spielenden zuschauten, oder sich wenigstens das Ansehen gaben, als interessierten sie sich für das Spiel. Als ich an einer dieser Damen vorbeistreifte und ihre Robe meinen Arm berührte, fühlte ich von der Hand bis hinauf zur Schulter ein leises Zucken, wie von einem sehr schwachen elektrischen Schlage. Ein solcher Schlag durchfuhr aber mit der größten Stärke mein ganzes Herz, als ich das Antlitz der Dame betrachtete. Ist sie es, oder ist sie es nicht? Es war dasselbe Gesicht, das an Form und sonniger Färbung einer Antike gleich; nur war es nicht mehr so marmorrein und marmorglatt wie ehemals. Dem geschärften Blicke waren auf Stirn und Wange einige kleine Brüche, vielleicht Pockennarben, bemerkbar, die hier ganz an jene feinen Witterungsflecken mahnten, wie man sie auf dem Gesichte von Statuen, die einige Zeit dem Regen ausgesetzt standen, zu finden pflegt. Es waren auch dieselben schwarzen Haare, die in glatten Ovalen wie Rabenflügel die Schläfen bedeckten. Als aber ihr Auge dem meinigen begegnete, und zwar mit jenem wohlbekannten Seitenblick, dessen rascher Blitz mir immer so räthselhaft durch die Seele schoß, da zweifelte ich nicht länger — es war Mademoiselle Laurence.

Vornehm hingestreckt in ihrem Sessel, in der einen Hand einen Blumenstrauß, mit der anderen gestützt auf der Armlehne, saß Mademoiselle Laurence unfern eines Spieltisches, und schien dort dem Wurf der Karten ihre ganze Aufmerksamkeit zu widmen. Vornehm und zierlich war ihr Anzug, aber dennoch ganz einfach, von weißem Atlas. Außer Armbändern und Brustnadeln von Perlen trug sie keinen Schmuck. Eine Fülle von Spitzen bedeckte den jugendlichen Busen, bedeckte ihn fast puritanisch bis am Halse, und in dieser Einfachheit und Zucht der Bekleidung bildete sie einen rührend lieblichen Kontrast mit einigen älteren Damen, die buntgeputzt und diamantenblitzend neben ihr saßen, und die Ruinen ihrer ehemaligen Herrlichkeit, die Stelle, wo einst Troja stand, melancholisch nackt zur Schau trugen. Sie sah noch immer wunderschön und entzückend verdrießlich aus, und es zog mich unwiderstehbar zu ihr hin, und endlich stand ich hinter ihrem Sessel, brennend vor Begier mit ihr zu sprechen, jedoch zurückgehalten von zagender Delikatesse.

Ich mochte wohl schon einige Zeit schweigend hinter ihr gestanden haben, als sie plötzlich aus ihrem Bouquet eine Blume zog und, ohne sich nach mir umzusehen, über ihre Schulter hinweg mir diese Blume hinreichte. Sonderbar war der Duft dieser Blume, und er übte auf mich eine eigenthümliche Verzauberung. Ich fühlte mich entrückt aller gesellschaftlichen Förmlichkeit, und mir war wie in einem Traume, wo man Allerlei thut und spricht, worüber man sich selber wundert, und wo unsere Worte einen gar kindisch traulichen und einfachen Charakter tragen. Ruhig, gleichgültig, nachlässig, wie man es bei alten Freunden zu thun pflegt, beugte ich mich über die Lehne des Sessels, und flüsterte der jungen Dame ins Ohr:

Mademoiselle Laurence, wo ist denn die Mutter mit der Trommel?

„Sie ist todt," antwortete sie in demselben Tone, eben so ruhig, gleichgültig, nachlässig.

Nach einer kurzen Pause beugte ich mich wieder über die Lehne des Sessels und flüsterte der jungen Dame ins Ohr: Mademoiselle Laurence, wo ist denn der gelehrte Hund?

„Er ist fortgelaufen in die weite Welt," ant=
wortete sie wieder in demselben ruhigen, gleichgül=
tigen, nachlässigen Tone.

Und wieder nach einer kurzen Pause beugte
ich mich über die Lehne des Sessels und flüsterte
der jungen Dame ins Ohr: Mademoiselle Laurence,
wo ist denn Monsieur Türlütü, der Zwerg?

„Er ist bei den Riesen auf dem Boulevard
du Temple," antwortete sie. Sie hatte aber kaum
diese Worte gesprochen, und zwar wieder in dem=
selben ruhigen, gleichgültigen, nachlässigen Tone,
als ein ernster alter Mann von hoher militäri=
scher Gestalt zu ihr hintrat und ihr meldete, daß
ihr Wagen vorgefahren sei. Langsam von ihrem
Sitze sich erhebend, hing sie sich Jenem an den
Arm, und ohne auch nur einen Blick auf mich
zurückzuwerfen, verließ sie mit ihm die Gesellschaft.

Als ich die Dame des Hauses, die den gan=
zen Abend am Eingange des Hauptsaales stand und
den Ankommenden und Fortgehenden ihr Lächeln
präsentierte, um den Namen der jungen Person
befragte, die so eben mit dem alten Manne fort=
gegangen, lachte sie mir heiter ins Gesicht und rief:
„Mein Gott! wer kann alle Menschen kennen! ich
kenne ihn eben so wenig..." Sie stockte, denn
sie wollte gewiß sagen, eben so wenig wie mich

selber, den sie ebenfalls an jenem Abende zum ersten Male gesehen. Vielleicht, bemerkte ich ihr, kann mir Ihr Herr Gemahl einige Auskunft geben; wo finde ich ihn?

„Auf der Jagd bei Saint-Germain," antwortete die Dame mit noch stärkerem Lachen, „er ist heute in der Frühe abgereist und kehrt erst morgen Abend zurück... Aber warten Sie, ich kenne Jemanden, der mit der Dame, wonach Sie sich erkundigen, viel gesprochen hat, ich weiß nicht seinen Namen, aber Sie können ihn leicht erfragen, wenn sie sich nach dem jungen Menschen erkundigen, dem Herr Casimir Perrier einen Fußtritt gegeben hat, ich weiß nicht wo."

So schwer es auch ist, einen Menschen daran zu erkennen, daß er vom Minister einen Fußtritt erhalten, so hatte ich doch meinen Mann bald ausfindig gemacht, und ich verlangte von ihm nähere Aufklärung über das sonderbare Geschöpf, das mich so sehr interessierte und das ich ihm deutlich genug zu bezeichnen wußte. „Ja," sagte der junge Mensch, „ich kenne sie ganz genau, ich habe auf mehren Soiréen mit ihr gesprochen" — und er wiederholte mir eine Menge nichtssagender Dinge, womit er sie unterhalten. Was ihm besonders aufgefallen, war ihr ernsthafter Blick, jedesmal wenn er ihr

eine Artigkeit sagte. Auch wunderte er sich nicht wenig, daß sie seine Einladung zu einer Contre=
danse immer abgelehnt, und zwar mit der Versiche=
rung, sie verstünde nicht zu tanzen. Namen und Verhältnisse kannte er nicht. Und Niemand, so viel ich mich auch erkundigte, wußte mir hierüber etwas Näheres mitzutheilen. Vergebens rann ich durch alle möglichen Soiréen, nirgends konnte ich Ma=
demoiselle Laurence wiederfinden.

Und Das ist die ganze Geschichte? — rief Maria, indem sie sich langsam umdrehte und schläf=
rig gähnte — Das ist die ganze merkwürdige Ge=
schichte? Und Sie haben weder Mademoiselle Laurence, noch die Mutter mit der Trommel, noch den Zwerg Türlütü, und auch nicht den gelehrten Hund jemals wiedergesehn?

Bleiben Sie ruhig liegen, versetzte Maximi=
lian. Ich habe sie Alle wiedergesehen, sogar den gelehrten Hund. Er befand sich freilich in einer sehr schlimmen Noth, der arme Schelm, als ich ihm zu Paris begegnete. Es war im Quartier Latin. Ich kam eben der Sorbonne vorbei, und aus den Pforten derselben stürzte ein Hund, und hinter ihm drein mit Stöcken ein Dutzend Stu=
denten, zu denen sich bald zwei Dutzend alte Weiber gesellten, die Alle im Chorus schrieen: Der Hund

ist toll! Fast menschlich sah das unglückliche Thier aus in seiner Todesangst, wie Thränen floß das Wasser aus seinen Augen, und als er keuchend an mir vorbei rann und sein feuchter Blick an mich hinstreifte, erkannte ich meinen alten Freund, den gelehrten Hund, den Lobredner von Lord Wellington, der einst das Volk von England mit Bewunderung erfüllt. War er vielleicht wirklich toll? War er vielleicht vor lauter Gelehrsamkeit übergeschnappt, als er im Quartier Latin seine Studien fortsetzte? Oder hatte er vielleicht in der Sorbonne durch sein Scharren und Knurren seine Mißbilligung zu erkennen gegeben über die pausbäckigen Charlatanerien irgend eines Professors, der sich seines ungünstigen Zuhörers dadurch zu entledigen suchte, daß er ihn für toll erklärte? Und ach! die Jugend untersucht nicht lange, ob es verletzter Gelehrtendünkel oder gar Brotneid war, welcher zuerst ausrief: Der Hund ist toll! und sie schlägt zu mit ihren gedankenlosen Stöcken, und auch die alten Weiber sind dann bereit mit ihrem Geheule, und sie überschreien die Stimme der Unschuld und der Vernunft. Mein armer Freund mußte unterliegen, vor meinen Augen wurde er erbärmlich todtgeschlagen, verhöhnt, und endlich auf einen Misthaufen geworfen! Armer Märtyrer der Gelehrsamkeit!

Nicht viel heiterer war der Zustand des Zwergs Monsieur Türlütü, als ich ihn auf dem Boulevard du Temple wiederfand. Mademoiselle Laurence hatte mir zwar gesagt, er habe sich dorthin begeben, aber sei es, daß ich nicht daran dachte, ihn im Ernste dort zu suchen, oder daß das Menschengewühl mich dort daran verhinderte, genug, erst spät bemerkte ich die Boutike, wo die Riesen zu sehen sind. Als ich hineintrat, fand ich zwei lange Schlingel, die müßig auf der Pritsche lagen und rasch aufsprangen und sich in Riesenpositur vor mich hinstellten. Sie waren wahrhaftig nicht so groß, wie sie auf ihrem Aushängezettel prahlten. Es waren zwei lange Schlingel, welche in Rosatrikot gekleidet gingen, sehr schwarze, vielleicht falsche Backenbärte trugen, und ausgehöhlte Holzkeulen über ihre Köpfe schwangen. Als ich sie nach dem Zwerg befragte, wovon ihr Aushängezettel ebenfalls Meldung thue, erwiderten sie, daß er seit vier Wochen wegen seiner zunehmenden Unpäßlichkeit nicht mehr gezeigt werde, daß ich ihn aber dennoch sehen könne, wenn ich das doppelte Entréegeld bezahlen wolle. Wie gern bezahlt man, um einen Freund wieder zu sehen, das doppelte Entréegeld! Und ach! es war ein Freund, den ich auf dem Sterbebette fand. Dieses Sterbebett war eigentlich eine Kinderwiege, und darin

lag der arme Zwerg mit seinem gelb verschrumpf=
ten Greisengesicht. Ein etwa vierjähriges kleines
Mädchen saß neben ihm, und bewegte mit dem
Fuße die Wiege, und sang in lachend schäkern=
dem Tone:

Schlaf, Türlütüchen, schlafe!

Als der Kleine mich erblickte, öffnete er so
weit als möglich seine gläsern blassen Augen, und
ein wehmüthiges Lächeln zuckte um seine weißen
Lippen; er schien mich gleich wieder zu erkennen,
reichte mir sein vertrocknetes Händchen und röchelte
leise: Alter Freund!

Es war in der That ein betrübsamer Zustand,
worin ich den Mann fand, der schon im achten
Jahre mit Ludwig XVI. eine lange Unterredung
gehalten, den der Zar Alexander mit Bonbons ge=
füttert, den die Prinzessin von Kyritz auf dem
Schoße getragen, der auf den Hunden des Herzogs
von Braunschweig umhergeritten, dem der König
von Baiern seine Gedichte vorgelesen, der mit
deutschen Fürsten aus derselben Pfeife geraucht,
den der Papst vergöttert, und den Napoleon nie
geliebt hatte! Dieser letztere Umstand bekümmerte
den Unglücklichen noch auf seinem Todbette oder,
wie gesagt, in seiner Todeswiege, und er weinte
über das tragische Schicksal des großen Kaisers,

der ihn nie geliebt, der aber in einem so kläglichen Zustande auf Sankt Helena geendet — "ganz wie ich jetzt endige, setzte er hinzu, einsam, verkannt, verlassen von allen Königen und Fürsten, ein Hohnbild ehemaliger Herrlichkeit!"

Obgleich ich nicht recht begriff, wie ein Zwerg, der unter Riesen stirbt, sich mit dem Riesen, der unter Zwergen gestorben, vergleichen konnte, so rührten mich doch die Worte des armen Türlütü und gar sein verlassener Zustand in der Sterbestunde. Ich konnte nicht umhin, meine Verwunderung zu bezeugen, daß Mademoiselle Laurence, die jetzt so vornehm geworden, sich nicht um ihn bekümmere. Kaum hatte ich aber diesen Namen genannt, so bekam der Zwerg in der Wiege die furchtbarsten Krämpfe, und mit seinen weißen Lippen wimmerte er: "Undankbares Kind! das ich aufgezogen, das ich zu meiner Gattin erheben wollte, dem ich gelehrt, wie man sich unter den Großen dieser Welt bewegen und gebärden muß, wie man lächelt, wie man sich bei Hof verbeugt, wie man repräsentiert . . . du hast meinen Unterricht gut benutzt, und bist jetzt eine große Dame, und hast jetzt eine Kutsche und Lakaien und viel Geld, und viel Stolz und kein Herz. Du lässest mich hier sterben, einsam und elend sterben, wie Napoleon auf Sankt Helena! O Napoleon, du haſt mich nie geliebt . . ." Was er hinzuſetzte, konnte ich nicht verſtehen. Er hob ſein Haupt, machte einige Bewegungen mit der Hand, als ob er gegen Jemanden fechte, vielleicht gegen den Tod. Aber der Senſe dieſes Gegners widerſteht kein Menſch, weder ein Napoleon, noch ein Türlütü. Hier hilft keine Parade. Matt, wie überwunden, ließ der Zwerg ſein Haupt wieder ſinken, ſah mich lange an mit einem unbeſchreibbar geiſterhaften Blick, krähte plötzlich wie ein Hahn, und verſchied.

Dieſer Todesfall betrübte mich um ſo mehr, da mir der Verſtorbene keine nähere Auskunft über Mademoiſelle Laurence gegeben hatte. Wo ſollte ich ſie jetzt wiederfinden? Ich war weder verliebt in ſie, noch fühlte ich ſonſtig große Zuneigung zu ihr, und doch ſtachelte mich eine geheimnisvolle Begier, ſie überall zu ſuchen; wenn ich in irgend einen Salon getreten, und die Geſellſchaft gemuſtert, und das wohlbekannte Geſicht nicht fand, dann verlor ich bald alle Ruhe, und es trieb mich wieder von hinnen. Über dieſes Gefühl nachdenkend, ſtand ich einſt um Mitternacht an einem entlegenen Eingang der großen Oper, auf einen Wagen wartend, und ſehr verdrießlich wartend, da es eben ſtark regnete. Aber es kam kein Wagen, oder vielmehr es kamen nur Wagen, welche anderen Leuten gehörten, die sich vergnügt hineinsetzten, und es wurde allmählich sehr einsam um mich her. „So müssen Sie denn mit mir fahren," sprach endlich eine Dame, die, tief verhüllt in ihrer schwarzen Mantille, ebenfalls harrend einige Zeit neben mir gestanden, und jetzt im Begriffe war, in einen Wagen zu steigen. Die Stimme zuckte mir durchs Herz, der wohlbekannte Seitenblick übte wieder seinen Zauber, und ich war wieder wie im Traume, als ich mich neben Mademoiselle Laurence in einem weichen, warmen Wagen befand. Wir sprachen kein Wort, hätten auch einander nicht verstehen können, da der Wagen mit dröhnendem Geräusche durch die Straßen von Paris dahinrasselte, sehr lange, bis er endlich vor einem großen Thorwege stillhielt.

Bedienten in brillanter Livree leuchteten uns die Treppe hinauf und durch eine Reihe Gemächer. Eine Kammerfrau, die mit schläfrigem Gesichte uns entgegenkam, stotterte unter vielen Entschuldigungen, daß nur im rothen Zimmer eingeheizt sei. Indem sie der Frau einen Wink gab, sich zu entfernen, sprach Laurence mit Lachen: „Der Zufall führt Sie heute weit, nur in meinem Schlafzimmer ist eingeheizt . . ."

In diesem Schlafzimmer, worin wir uns bald allein befanden, loderte ein sehr gutes Kaminfeuer, welches um so ersprießlicher, da das Zimmer ungeheuer groß und hoch war. Dieses große Schlafzimmer, dem vielmehr der Name Schlafsaal gebührte, hatte auch etwas sonderbar Ödes. Möbel und Dekoration, Alles trug dort das Gepräge einer Zeit, deren Glanz uns jetzt so bestäubt und deren Erhabenheit uns jetzt so nüchtern erscheint, daß ihre Reliquien bei uns ein gewisses Unbehagen, wo nicht gar ein geheimes Lächeln erregen. Ich spreche nämlich von der Zeit des Empires, von der Zeit der goldnen Adler, der hochfliegenden Federbüsche, der griechischen Koiffüren, der Gloire, der großen Tambourmajors, der militärischen Messen, der officiellen Unsterblichkeit, die der Moniteur, dekretierte, des Kontinentalkaffes, welchen man aus Cichorien verfertigte, und des schlechten Zuckers, den man aus Runkelrüben fabricierte, und der Prinzen und Herzöge, die man aus gar Nichts machte. Sie hatte aber immer ihren Reiz, diese Zeit des pathetischen Materialismus ... Talma deklamierte, Gros malte, die Bigottini tanzte, Grassini sang, Maury predigte, Rovigo hatte die Polizei, der Kaiser las den Ossian, Pauline Borghese ließ sich moulieren als Venus, und zwar ganz nackt, denn das Zimmer war gut geheizt, wie das Schlafzimmer, worin ich mich mit Mademoiselle Laurence befand.

Wir saßen am Kamin, vertraulich schwatzend, und seufzend erzählte sie mir, daß sie verheirathet sei an einen bonapartischen Helden, der sie alle Abende vor dem Zubettegehn mit der Schilderung einer seiner Schlachten erquicke; er habe ihr vor einigen Tagen, ehe er abgereist, die Schlacht bei Jena geliefert; er sei sehr kränklich und werde schwerlich den russischen Feldzug überleben. Als ich sie frug, wie lange ihr Vater todt sei, lachte sie und gestand, daß sie nie einen Vater gekannt habe, und daß ihre sogenannte Mutter niemals verheirathet gewesen sei.

Nicht verheirathet! rief ich, ich habe sie ja selber zu London wegen dem Tod ihres Mannes in tiefster Trauer gesehen!

„O, erwiederte Laurence, sie hat während zwölf Jahren sich immer schwarz gekleidet, um bei den Leuten Mitleid zu erregen als unglückliche Wittwe, nebenbei auch, um einen heirathslustigen Gimpel anzulocken, und sie hoffte unter schwarzer Flagge desto schneller in den Hafen der Ehe zu gelangen. Aber nur der Tod erbarmte sich ihrer, und sie starb an einem Blutsturz. Ich habe sie nie geliebt, denn sie hat mir immer viel' Schläge und Wenig zu essen gegeben. Ich wäre verhungert, wenn mir nicht manchmal Monsieur Türlütü ein Stückchen Brot ins Geheim zusteckte; aber der Zwerg verlangte dafür, daß ich ihn heirathe, und als seine Hoffnungen scheiterten, verband er sich mit meiner Mutter, ich sage „Mutter" aus Gewohnheit, und Beide quälten mich gemeinschaftlich. Da sagten sie immer, ich sei ein überflüssiges Geschöpf, der gelehrte Hund sei tausendmal mehr werth als ich mit meinem schlechten Tanzen. Und sie lobten dann den Hund auf meine Kosten, rühmten ihn bis in den Himmel, streichelten ihn, fütterten ihn mit Kuchen, und warfen mir die Krumen zu. Der Hund, sagten sie, sei ihre beste Stütze, er entzücke das Publikum, das sich für mich nicht im mindesten interessiere, der Hund müsse mich ernähren mit seiner Arbeit, ich fräße das Gnadenbrot des Hundes. Der verdammte Hund!"

O, verwünschen Sie ihn nicht mehr, unterbrach ich die Zürnende, er ist jetzt todt, ich habe ihn sterben sehen . . .

„Ist die Bestie verreckt?" rief Laurence, indem sie aufsprang, erröthende Freude im ganzen Gesichte.

Und auch der Zwerg ist todt, setzte ich hinzu.

"Monsieur Türlütü?" rief Laurence, ebenfalls mit Freude. Aber diese Freude schwand allmählich aus ihrem Gesichte, und mit einem milderen, fast wehmüthigen Tone sprach sie endlich: "Armer Türlütü!"

Als ich ihr nicht verhehlte, daß sich der Zwerg in seiner Sterbestunde sehr bitter über sie beklagt, gerieth sie in die leidenschaftlichste Bewegung, und versicherte mir unter vielen Betheuerungen, daß sie die Absicht hatte, den Zwerg aufs beste zu versorgen, daß sie ihm ein Jahrgehalt angeboten, wenn er still und bescheiden irgendwo in der Provinz leben wolle. "Aber ehrgeizig, wie er ist, fuhr Laurence fort, verlangte er, in Paris zu bleiben und sogar in meinem Hotel zu wohnen; er könne alsdann, meinte er, durch meine Vermittlung seine ehemaligen Verbindungen im Faubourg Saint-Germain wieder anknüpfen, und seine frühere glänzende Stellung in der Gesellschaft wieder einnehmen. Als ich ihm Dieses rund abschlug, ließ er mir sagen, ich sei ein verfluchtes Gespenst, ein Vampyr, ein Todtenkind..."

Laurence hielt plötzlich inne, schauderte heftig zusammen, und seufzte endlich aus tiefster Brust: "Ach, ich wollte, sie hätten mich bei meiner Mutter im Grabe gelassen!" Als ich in sie drang, mir diese geheimnisvollen Worte zu erklären, ergoß sich ein Strom von Thränen aus ihren Augen, und zitternd und schluchzend gestand sie mir, daß die schwarze Trommelfrau, die sich für ihre Mutter ausgegeben, ihr einst selbst erklärt habe, das Gerücht, womit man sich über ihre Geburt herumtrage, sei kein bloßes Märchen. „In der Stadt nämlich, wo wir wohnten," fuhr Laurence fort, „hieß man mich immer das Todtenkind! Die alten Spinnweiber behaupteten, ich sei eigentlich die Tochter eines dortigen Grafen, der seine Frau beständig mißhandelte und, als sie starb, sehr prachtvoll begraben ließ; sie sei aber hochschwanger und nur scheintodt gewesen, und als einige Kirchhofsdiebe, um die reichgeschmückte Leiche zu bestehlen, ihr Grab öffneten, hätten sie die Gräfin ganz lebendig und in Kindesnöthen gefunden; und als sie nach der Entbindung gleich verschied, hätten die Diebe sie wieder ruhig ins Grab gelegt und das Kind mitgenommen und ihrer Hehlerin, der Geliebten des großen Bauchredners, zur Erziehung übergeben. Dieses arme Kind, das begraben gewesen, noch ehe es geboren worden, nannte man nun überall das Todtenkind . . . Ach! Sie begreifen nicht, wie viel Kummer ich schon als kleines Mädchen empfand, wenn man mich bei diesem Namen nannte. Als der große

Bauchredner noch lebte und nicht selten mit mir unzufrieden war, rief er immer: Verwünschtes Todtenkind, ich wollt', ich hätte dich nie aus dem Grabe geholt! Ein geschickter Bauchredner, wie er war, konnte er seine Stimme so modulieren, daß man glauben mußte, sie käme aus der Erde hervor, und er machte mir dann weiß, Das sei die Stimme meiner verstorbenen Mutter, die mir ihre Schicksale erzähle. Er konnte sie wohl kennen, diese furchtbaren Schicksale, denn er war einst Kammerdiener des Grafen. Sein grausames Vergnügen war es, wenn ich armes kleines Mädchen über die Worte, die aus der Erde hervorzusteigen schienen, das furchtbarste Entsetzen empfand. Diese Worte, die aus der Erde hervorzusteigen schienen, meldeten gar schreckliche Geschichten, Geschichten, die ich in ihrem Zusammenhange nie begriff, die ich auch späterhin allmählich vergaß, die mir aber, wenn ich tanzte, recht lebendig wieder in den Sinn kamen. Ja, wenn ich tanzte, ergriff mich immer eine sonderbare Erinnerung, ich vergaß meiner selbst und kam mir vor, als sei ich eine ganz andere Person, und als quälten mich alle Qualen und Geheimnisse dieser Person … und sobald ich aufhörte zu tanzen, erlosch wieder Alles in meinem Gedächtnis."

Während Laurence Dieses sprach, langsam und wie fragend, stand sie vor mir am Kamine, worin das Feuer immer angenehmer loderte, und ich saß in dem Lehnsessel, welcher wahrscheinlich der Sitz ihres Gatten, wenn er des Abends vor Schlafengehn seine Schlachten erzählte. Laurence sah mich an mit ihren großen Augen, als früge sie mich um Rath; sie wiegte ihren Kopf so wehmüthig sinnend; sie flößte mir ein so edles, süßes Mitleid ein; sie war so schlank, so jung, so schön, diese Lilje, die aus dem Grabe gewachsen, diese Tochter des Todes, dieses Gespenst mit dem Gesichte eines Engels und dem Leibe einer Bajadere! Ich weiß nicht, wie es kam, es war vielleicht die Influenz des Sessels, worauf ich saß, aber mir ward plötzlich zu Sinne, als sei ich der alte General, der gestern auf dieser Stelle die Schlacht bei Jena geschildert, als müsse ich fortfahren in meiner Erzählung, und ich sprach: Nach der Schlacht bei Jena ergaben sich binnen wenigen Wochen, fast ohne Schwertstreich, alle preußischen Festungen. Zuerst ergab sich Magdeburg; es war die stärkste Festung, und sie hatte dreihundert Kanonen. Ist Das nicht schmählich?

Mademoiselle Laurence ließ mich aber nicht weiter reden, alle trübe Stimmung war von ihrem schönen Antlitz verflogen, sie lachte wie ein Kind und rief: „Ja, das ist schmählich, mehr als schmählich! Wenn ich eine Festung wäre und dreihundert Kanonen hätte, würde ich mich nimmermehr ergeben!"

Da nun Mademoiselle Laurence keine Festung war und keine dreihundert Kanonen hatte . . .

Bei diesen Worten hielt Maximilian plötzlich ein in seiner Erzählung, und nach einer kurzen Pause frug er leise: Schlafen Sie, Maria?

Ich schlafe, antwortete Maria.

Desto besser, sprach Maximilian mit einem feinen Lächeln, ich brauche also nicht zu fürchten, daß ich Sie langweile, wenn ich die Möbel des Zimmers, worin ich mich befand, wie heutige Novellisten pflegen, etwas ausführlich beschreibe.

Vergessen Sie nur nicht das Bett, theurer Freund!

Es war in der That, erwiederte Maximilian, ein sehr prachtvolles Bett. Die Füße, wie bei allen Betten des Empires, bestanden aus Karyatiden und Sphinxen, es strahlte von reichen Vergoldungen, namentlich von goldnen Adlern, die sich wie Turteltauben schnäbelten, vielleicht ein Sinnbild der Liebe unter dem Empire. Die Vorhänge des Bettes waren von rother Seide, und da die Flammen des Kamins sehr stark hindurchschienen,

so befand ich mich mit Laurence in einer ganz
feuerrothen Beleuchtung, und ich kam mir vor wie
der Gott Pluto, der, von Höllengluthen umlodert,
die schlafende Proserpine in seinen Armen hält.
Sie schlief, und ich betrachtete in diesem Zustand
ihr holdes Gesicht und suchte in ihren Zügen ein
Verständnis jener Sympathie, die meine Seele für
sie empfand. Was bedeutet dieses Weib? Welcher
Sinn lauert unter der Symbolik dieser schönen
Formen? Ich hielt dies anmuthige Räthsel jetzt
als mein Eigenthum in meinen Armen, und doch
fand ich nicht seine Lösung.

Aber ist es nicht Thorheit, den inneren Sinn
einer fremden Erscheinung ergründen zu wollen,
während wir nicht einmal das Räthsel unserer eige=
nen Seele zu lösen vermögen! Wissen wir doch
nicht einmal genau, ob die fremden Erscheinungen
wirklich existieren! Können wir doch manchmal die
Realität nicht von bloßen Traumgesichten unter=
scheiden! War es ein Gebilde meiner Phantasie,
oder war es entsetzliche Wirklichkeit, was ich in
jener Nacht hörte und sah? Ich weiß es nicht. Ich
erinnere mich nur, daß, während die wildesten Ge=
danken durch mein Herz flutheten, ein seltsames
Geräusch mir ans Ohr drang. Es war eine ver=
rückte Melodie, sonderbar leise. Sie kam mir ganz

bekannt vor, und endlich unterschied ich die Töne eines Triangels und einer Trommel. Diese Musik, schwirrend und summend, schien aus weiter Ferne zu erklingen, und dennoch, als ich aufblickte, sah ich nahe vor mir mitten im Zimmer ein wohlbekanntes Schauspiel: es war Monsieur Türlütü, der Zwerg, welcher den Triangel spielte, und Madame Mutter, welche die große Trommel schlug, während der gelehrte Hund am Boden herumscharrte, als suche er wieder seine hölzernen Buchstaben zusammen. Der Hund schien nur mühsam sich zu bewegen, und sein Fell war von Blut befleckt. Madame Mutter trug noch immer ihre schwarze Trauerkleidung, aber ihr Bauch war nicht mehr so spaßhaft hervortretend, sondern vielmehr widerwärtig herabhängend; auch ihr Gesicht war nicht mehr roth, sondern blaß. Der Zwerg, welcher noch immer die brodirte Kleidung eines altfranzösischen Marquis und ein gepudertes Toupet trug, schien etwas gewachsen zu sein, vielleicht weil er so gräßlich abgemagert war. Er zeigte wieder seine Fechterkünste und schien auch seine alten Prahlereien wieder abzuhaspeln; er sprach jedoch so leise, daß ich kein Wort verstand, und nur an seiner Lippenbewegung konnte ich manchmal merken, daß er wieder wie ein Hahn krähte.

Während diese lächerlich grauenhaften Zerr=
bilder wie ein Schattenspiel mit unheimlicher Hast
sich vor meinen Augen bewegten, fühlte ich, wie
Mademoiselle Laurence immer unruhiger athmete
Ein kalter Schauer überfröstelte ihren ganzen Leib,
und wie von unerträglichen Schmerzen zuckten ihre
holden Glieder. Endlich aber, geschmeidig wie ein
Aal, glitt sie aus meinen Armen, stand plötzlich
mitten im Zimmer und begann zu tanzen, während
die Mutter mit der Trommel und der Zwerg mit
dem Triangel ihre gedämpfte, leise Musik ertönen
ließen. Sie tanzte ganz wie ehemals an der Wa=
terloobrücke und auf den Karrefours von London.
Es waren dieselben geheimnisvollen Pantomimen,
dieselben Ausbrüche der leidenschaftlichsten Sprünge,
dasselbe bacchantische Zurückwerfen des Hauptes,
manchmal auch dasselbe Hinbeugen nach der Erde,
als wolle sie horchen, was man unten spräche, dann
auch das Zittern, das Erbleichen, das Erstarren,
und wieder aufs Neue das Horchen mit nach dem
Boden gebeugtem Ohr. Auch rieb sie wieder ihre
Hände, als ob sie sich wüsche. Endlich schien sie
auch wieder ihren tiefen, schmerzlichen, bittenden
Blick auf mich zu werfen ... aber nur in den
Zügen ihres todtblassen Antlitzes erkannte ich diesen
Blick, nicht in ihren Augen, denn diese waren

geschlossen. In immer leiseren Klängen verhallte die Musik; die Trommelmutter und der Zwerg, allmählig verbleichend und wie Nebel zerquirlend, verschwanden endlich ganz; aber Mademoiselle Laurence stand noch immer und tanzte mit verschlossenen Augen. Dieses Tanzen mit verschlossenen Augen im nächtlich stillen Zimmer gab diesem holden Wesen ein so gespenstisches Aussehen, daß mir sehr unheimlich zu Muthe wurde, daß ich manchmal schauderte, und ich war herzlich froh, als sie ihren Tanz beendigt hatte und wieder eben so geschmeidig, wie sie fortgehuscht war, in meine Arme glitt.

Wahrhaftig, der Anblick dieser Scene hatte für mich nichts Angenehmes. Aber der Mensch gewöhnt sich an Alles. Und es ist sogar möglich, daß das Unheimliche diesem Weibe einen noch besonderen Reiz verlieh, daß sich meinen Empfindungen eine schauerliche Zärtlichkeit beimischte... genug, nach einigen Wochen wunderte ich mich nicht mehr im mindesten, wenn des Nachts die leisen Klänge von Trommel und Triangel ertönten, und meine theure Laurence plötzlich aufstand und mit verschlossenen Augen ein Solo tanzte. Ihr Gemahl, der alte Bonapartist, kommandirte in der Gegend von Paris, und seine Dienstpflicht erlaubte ihm nur die Tage in der Stadt zuzubringen. Wie sich von selbst versteht, er wurde mein intimster Freund, und er weinte helle Tropfen, als er späterhin für lange Zeit von mir Abschied nahm. Er reiste nämlich mit seiner Gemahlin nach Sicilien, und Beide habe ich seitdem nicht wiedergesehen.

Als Maximilian diese Erzählung vollendet, erfaßte er rasch seinen Hut und schlüpfte aus dem Zimmer.

www.ingramcontent.com/pod-product-compliance
Lightning Source LLC
Chambersburg PA
CBHW021959220426
43663CB00007B/879